中华先贤人物故事汇

张骞

高慧芳 著

中华书局

图书在版编目(CIP)数据

张骞/高慧芳著. —北京:中华书局,2022.11(2024.3重印)
(中华先贤人物故事汇)
ISBN 978-7-101-15791-8

Ⅰ.张…　Ⅱ.高…　Ⅲ.张骞(？～前114)–生平事迹
Ⅳ.K827=341

中国版本图书馆 CIP 数据核字(2022)第 108958 号

书　　名	张　骞	
著　　者	高慧芳	
丛 书 名	中华先贤人物故事汇	
责任编辑	傅　可　董邦冠	
责任印制	管　斌	
出版发行	中华书局	
	(北京市丰台区太平桥西里 38 号　100073)	
	http://www.zhbc.com.cn	
	E-mail:zhbc@zhbc.com.cn	
印　　刷	三河市宏达印刷有限公司	
版　　次	2022 年 11 月第 1 版	
	2024 年 3 月第 3 次印刷	
规　　格	开本/787×1092 毫米　1/32	
	印张 4½　插页 2　字数 65 千字	
印　　数	6001–9000 册	
国际书号	ISBN 978-7-101-15791-8	
定　　价	20.00 元	

出版说明

　　孔子周游列国，创立儒家学说；张骞出使西域，开辟丝绸之路；书圣王羲之，留下了曲水流觞的佳话；诗仙李白，写下了"举头望明月，低头思故乡"的名篇；王安石为纠正时弊，推行变法；李时珍广集博采，躬亲实践，编撰医药学名著《本草纲目》……

　　这些杰出的历史人物，有的是在中华民族文明进程中做出过突出贡献、对后世产生过巨大影响的思想家、政治家，有的是对中华优秀传统文化的传承传播发挥过重大作用的文学家、艺术家、科学家，有的是为国家安定统一、民族融合团结和中外文化交流做出过杰出贡献的军事家、外交家……他们为中华民族的繁荣发展做出了伟大的贡献，他们的行为事迹、风范品格为当世楷模，并垂范后世。

他们是中华民族的先贤人物。他们的思想、品德、事迹，是中华优秀传统文化的结晶；他们的故事，是对中华民族的禀赋、特点和气质最生动、最鲜活的阐释；他们的名字，在五千年中华文明史上最为光彩夺目；他们为五千年中华文明史书写了最为光辉灿烂的篇章。

为了解先贤，走近先贤，我们精心组织编写了这套《中华先贤人物故事汇》丛书，以翔实可靠的史料为依据，细腻动人的故事为载体，真实地呈现中华先贤人物的事迹、品格和精神风貌，彰显他们的贡献和功绩，激发人们对国家民族的热爱，对中华文明、中华优秀传统文化的崇敬。

开卷有益，期待这套丛书成为你的良师益友。

目 录

导　读

　　张骞（约前164—前114），字子文，汉中郡城固（今陕西汉中城固县）人。汉代杰出的外交家、探险家，著名的丝绸之路的开拓者。

　　张骞一生两次出使西域，第一次历时十三年，从公元前139年到公元前126年；第二次历时近五年，从公元前119年到公元前115年，成功打通了从长安往西，经河西走廊，直抵大宛、安息、大夏（今中亚、西亚、南亚一带）以及通往欧洲的陆路交通大动脉，开启了东西方文明全面交流的新局面。

　　建元二年（前139），张骞第一次出使西域，他率领100多名随行人员，由匈奴人堂邑甘父为向导，从长安出发前往西域。在河西走廊被匈奴拦截并扣押近十年，后乘匈奴内部动荡之际才得以脱身，继续西进，寻找共同夹击匈奴的战略盟友大月氏。但是，西迁后的大月氏已无心回到故地，张骞在了解具体情况后返回。归途中再次被困匈奴一年多，在匈奴军臣单于去世之际乘乱安全离开，回到长安。虽然没能与既定的目标结盟，但是张骞带回了西域的葡萄、石榴、苜蓿等一系列物种，使得它们在中原地区开花结果，丰富了人民的生活。

元狩四年（前119），汉朝军队掌控了河西走廊，张骞以中郎将的身份率领300多名随员第二次出使西域。他抵达乌孙之后，派遣副使继续前进，先后抵达康居、大宛、安息等地。这些地方也纷纷派遣使节来到汉朝，东西交通的陆上道路被打通，东方的丝绸、瓷器、茶叶，西方的象牙、珠宝和香料，源源不断地在这条路上往返交流。

公元前114年，一代外交家、政治家、探险家张骞溘然长逝。至今，在陕西省城固县博望镇饶家营村张骞的墓前，有一对汉代石虎，千年无言默默地守卫着主人。

　　张骞的人生经历丰富而坎坷，被誉为"丝绸之路的开拓者""第一个睁开眼睛看世界的中国人"。

长安游侠少年郎，英勇无惧揭军榜

公元前141年，正月二十七，早春时节。

长安，未央宫。春寒料峭，冷气袭人。

躺在龙床之上的汉景帝刘启奄奄一息，这位大汉帝国的第六位帝王，正满眼眷恋地望着这偌大的宫殿，想象着宫殿之外庞大的帝国，满腹愁思、万般不舍。但是，他知道自己到了告别和托付的时刻了。

刘启自认为勤勉一生，没有辜负这个"启"字，他一直在努力做好这个大汉帝国的管理者。正如后代史书上的评论，承上启下，既把汉文帝的休养生息发扬光大，又努力削藩加强集权，为自己的儿子刘彻开启了大一统的局面。

但是，又有那么多往事涌上心头……下棋时用棋盘打死的吴王太子刘贤，平定七国之乱时处死的晁错，还有那五天不吃不喝、吐血而亡的耿直的周亚夫，恍惚之间，他仿佛看见这几个人一起向他走来，在向他诉说着什么。他口中喃喃自语："不是我的错，不是我的错！非朕本意！非朕本意！"

猛然从梦魇中惊醒，刘启定睛一看，窦太后正满面愁容地望着他。皇太子刘彻还跪在床前，青涩之气未脱但眼神坚定。望着跪在面前的十五岁的刘彻，景帝陷入了沉思，这个爱子一直被寄予厚望。他出生时的漪兰殿，满室馨香，那是上天给予的祥瑞之兆吧！大汉交给他，一切能够顺利吧！

刘彻七岁被立为皇太子，为了好好培养这个接班人，专门让他拜卫绾为太子太傅、王臧为太子少傅。卫绾谨慎谦卑、清廉忠厚，自己赐他剑，他不敢收受，因为他已有先帝（汉文帝）赐予的六把剑，而且全都谨慎保管，没有拿出一把去和别人交换。这样的师傅，应该能够教出一位性情敦厚谦和的学生吧！这样敦厚老成的性格，应该能辅佐好一位少年天子吧！而王臧，这位出身兰陵的儒生代表，是申公的弟子，凭着对于儒学的熟悉和深厚的学问修养，培养了刘彻对儒学的感情。把国家交给刘彻，有母后的辅佐、朝中大臣的忠心，各方势力都不足以撼动新皇帝的帝王之位。想到这里，汉景帝刘启终于放心地闭上了眼睛。

窦太后缓缓坐直身子："启儿平定七国叛乱，一生盼望和平。那就多铸陶俑，陪葬阳陵，让他们追随着先皇帝继续征战，以保我大汉永久太平吧！"

入葬阳陵，汉景帝结束了他的一生。一代帝王结束了以他和父亲命名的时代——文景之治。另一个崭新的时代，即将开启。

十五岁的天子，正是一位少年！而少年心中，正孕育着全新的关于大汉帝国的梦想。他手里，也需要有新鲜血液和得力干将。那怎么办呢？有样学样，像祖父和父亲学习，广纳贤良！海纳百川，有容乃大。于是，即位不久的汉武帝刘彻，就下诏要求"举贤良方正、能言直谏之士"。一时间，各方人才跃跃欲试，都想在新皇帝和有实权的太皇太后面前赢得一席之地。

惊风飘白日，光景驰西流。时间过得飞快，一转眼已经是汉武帝刘彻登基的第二年了。公元前140年，董仲舒献上了他的《天人三策》，无论是中央集权的理论还是君权神授的思想，都正符合汉武帝的心意。于是，年轻的汉武帝开始一步步落实董仲舒设想的"罢黜百家，独尊儒术"，颁布新政。然而，核心权力圈的角逐表面风平浪静，但水面之下暗流汹涌。实权此刻依然掌握在太皇太后窦氏手中，窦太后信奉的是黄老之学，与汉武帝倾心的"独尊儒术，罢黜百家"不可避免地碰撞到了一起。特别是落实到具体施政方针上，必然引发冲突和矛盾。

建元二年（前139），御史大夫赵绾和郎中令王臧直接上书汉武帝，请他不要再将政事禀奏窦太后裁决并听取意见。窦太后听到这个消息勃然大怒，直接下令将两人下狱并命令他们自裁，并废除了汉武帝的一系列新政。左膀右臂瞬间被削去，刘彻也明白了，此时羽翼未丰，还不是可以和窦太后抗衡的时候。除了忍气吞声，缓缓图之，暂时还没有良策。

在这样的政治格局和社会环境下，十七岁的少年天子对于远征的渴望，正是一种全新的尝试，打破固有的格局，开拓西北地区与匈奴关系的全新局面。于是，招募出使匈奴使者的公文布告张贴在了长安城内。

　　在一个阳光明媚的早晨，人们闹哄哄地围着城门内张贴的布告，指指点点，议论纷纷。

　　"啊，征召出使西域之人，这可是个升官发财的大好机会啊！"一位声音洪亮的少年嚷嚷着。

　　"年轻人懂什么！西域万里之遥，匈奴吃肉饮血，岂是我大汉儿女可以生活之地？"须发花白的老者语重心长地叮嘱着兴冲冲的年轻人。

　　"不试试怎么知道呢！对吧？大不了一死，横竖都是英雄好汉一个！"血气方刚的小伙子不服气。

　　"对！'岂日无衣，与子同袍。'"人群中立刻有年轻人呼应。

　　这时候，人群中走出一位身材高大、肩膀宽厚、眉宇分明的青年，一看上去就令人心生安稳与敬重。他朝几位年轻人挥了挥手，示意他们要尊

朝廷张贴皇榜，征召出使西域之人。

重长者，又略微清了清嗓子，掷地有声地说："各位，请安静一下。这位老伯说的有道理，鄙人张子文，单名一个骞字，幼时跟着家师和邻里兄长们读了一点《山海经》，听说西方有各种神奇怪异之物，令人心生畏惧。但是，西域也有我中原没有的奇特物产，如果不亲自去走一遭、看一番，岂不是终身憾事！这是为私，值得一探究竟。且男子汉大丈夫，立于天地之间，不仅要成就自己，更要为天下百姓想一想。匈奴屡屡侵犯我大汉边境，烧杀劫掠，在秋收季节践踏良田，逼迫我们的同胞无粮可收、挨饿受冻。我们大汉的热血男儿岂能忍受同胞受此摧残！如今，出使西域，于公于私，都是义无反顾！"

"说得有道理啊！""你是谁？何来如此胆量？"人群被他这一番话震撼住了，也慢慢沸腾起来。

"在下郎官张子文，汉中人。"说话之人一步一步走到了前面，双手缓慢却坚定地揭下了皇榜栏里的布告。

"有人揭榜啦！"人群沸腾起来。

守榜的士兵一看有人揭榜，立刻把张骞引导到旁边的亭子里，登记在册之后，另有一队士兵引着他往宫城方向走去，这是要向皇帝复命了。本来他们还以为不会有人来揭榜，自己可能要在烈日下晒上几天，却没想到真的有这等英勇无惧的人物！所以，引路的士兵脚步也格外轻快，心里都对张骞充满敬佩和感激。

未央宫内的汉武帝刘彻，正在一圈一圈地踱步，思量着何时有人揭榜，能够前往匈奴地域一探究竟。这是他的棋局和谋划中的重要一步，不仅可以锻炼出忠于自己的人才，而且可以打破在朝廷中处处受人掣肘的僵局，树立天子威信！

"揭榜人张骞，汉中郡城固人，郎……"通报的人话音未落，刘彻就立刻下令宣张骞觐见。张骞看到年少英气又意志坚定的少年天子，跪拜之后，把揭榜时的豪言又说了一遍。汉武帝刘彻一看张骞有如此胸怀抱负，而且身材高大、英勇无惧，心里甚为高兴。君臣一见如故，相谈甚欢。

"此去万里之遥，需有可信可用之人助你一臂之力。"刘彻把手一挥，屏风后面走出一个高鼻梁、深眼窝的胡人，但此人完全是汉人常服装扮。张骞心中略有疑惑，正要发问，只听胡人自报姓名。

"贱奴甘父参见陛下！"

"张骞，这是我为你选的助手。他精通匈奴语言，善于骑射，熟悉西域地形，有他助你，朕也放心。"

"陛下深谋远虑，臣一定不辱使命！"张骞既震撼又感动，天子的谋略与抱负，自己的功业抱负，都系于这一件事上，只能成功，不能失败。

有了皇帝的支持，接下来的筹备工作顺利非常。张骞和甘父前往诏狱，选拔了一批身强体壮，又有一定技能本领的死囚犯，充实到使团队伍中，给了他们一个活命和戴罪立功的机会。

长安城内的豪商富贾们也闻讯而动，纷纷表示愿意赞助。他们心底盘算着，如果这使团顺利成行，把前往西域的商路打通了，那么源源不断的西域物产就可以运到长安城，而大汉的丝绸、瓷器、茶叶等物产也可以卖到西域，从此以后，不止十倍的利润就会收入囊中。

不畏胡笳悲夜月，
天高路远任君行

　　月明星稀，秋风吹渭水，落叶铺满长安城的大街小巷，转眼到了西域使团出发的日子。

　　清晨，未央宫前熙熙攘攘，皇帝的銮驾在群臣的簇拥下逶迤而行，出了重重宫门，来到了西安门。出了西安门，往西望去，一马平川，张骞和堂邑甘父及出行使团早早就位，他们个个精神抖擞，列队整装待发。只见队伍中有医官，随身携带着各类常用的中草药和医书；有书记掌事，小心翼翼地收好《山海经》以及《诗经》《论语》等经典；有厨师，负责一行百余人的餐饮伙食；有传讯官，以便及时将西行途中见闻传递回长安。当然，还有汉武帝钦点的护卫，负责沿途的安全保障。

张骞站在队首，不停地翘首张望，等待着皇帝御驾的到来。

此刻的汉武帝刘彻却心事重重，担忧着张骞此行艰难困苦，思虑着西域强敌会不会伺机而动。

此刻同样心事重重的，还有正在建章宫当差的卫青，他刚刚从平阳公主府调来不久，这是他负责的首次重大活动。皇帝要亲自到西安门外送西域使团出行，西安门外这一带的安全，由卫青负责值守和巡逻。第一次担任这么重要的护卫任务，天没亮他就起床了，围着西安门附近反复勘察，确保万无一失。

卫青想以自己的实力向别人证明，他不是依靠姐姐卫子夫而获得的官职，而是自己实至名归。负责喂马的时候，他是最好的马夫；负责巡逻的时候，他是最好的守卫；以后，如果有机会驰骋疆场统率千军万马，他也立志要做一名出色的将领。

透过摩肩接踵的人群，他看到站在队首的那个高大的身影，那一定就是人们口中热议的此次西域之行的使臣张骞大人了！望着张骞的背影，他心中萌生出一种莫名的向往和羡慕。

"如果有一天，我也能揭下皇榜，获得陛下青睐，骑上战马奔赴遥远的西域，保家卫国、开疆拓土，该有多好啊！"卫青喃喃自语。正徘徊间，远远望见皇帝的銮驾已经从西安门出来了。

"臣等拜别陛下，此去定不负使命！"张骞声如洪钟，听得汉武帝心中一震。站在使团前列的人也都是神情肃穆、掩饰不住的兴奋激动。

"好！好！朕在长安等着中郎将的好消息！"汉武帝郑重地将使臣旄节交给张骞。

张骞双手高高接过这三重旄，细细端详着这用牦牛尾巴尖上的毛扎成的红色旄节——代表着大汉使臣的身份，心中的神圣感和使命感油然而生。他叩谢之后，转身昂首立于队伍的最前列，随后翻身上马，策马扬鞭，一路向西出发了。

最初的几天，使团在大汉的国土上顺畅通行，一路上由护卫队和地方官员组成的陪同队伍，让一行人有着牢靠的安全感。张骞望着前后浩浩荡荡的人群，心中甚是宽慰，对此行信心大增。

队伍行平原、涉渭水，一路向西，转眼就来到了泾水和渭水的交界地带，只见两条大河奔涌相汇，一清一浊，所谓"泾渭分明"，这景色的确震撼。张骞问随行的文书是否知晓此景缘由，文书答曰："大人，《诗经》中《邶风》记载'泾以渭浊，湜湜其沚'，说的就是这等奇观啊！我也是第一次亲眼所见，的确震撼！"

"哈哈，我之前阅览典籍，闻听先人介绍渭水流经八百里秦川和关中平原，肥沃之地，水草丰茂，所以河水清澈；而泾水从黄土之地携带泥沙而来，所以浑浊。两条河流交汇之处，清浊分明，如今一看，果然名不虚传啊！"张骞把两条河水的来历一说，大伙立刻清晰明了。

"原来如此啊！我等今天不仅大饱眼福，还受教于中郎将了。"领头的几位随从纷纷点头称赞。

"那我们就沿着渭水而上，这样一路上补给方便，也可以随时休整。大人以为如何？"甘父提议，"我曾经在陇西当过兵，熟悉这一带的地形。我们直奔陇西，这一路应该会比较顺利。"

"好，从地图上看，这样可以避开平凉、固原，就按照你说的传令下去。"张骞边看地图，边与甘父讨论行军方向。

使团一行逆渭水而上，沿途树木郁郁葱葱，金黄色的庄稼大片大片随风轻摆，等待收割，颇有农家秋乐之趣。张骞想起汉中的父老乡亲，此刻估计也正在为秋收忙碌，不禁心中欢喜。他兴致高昂地与左右随从讨论着行进事宜，一路上倒也平安无事，顺利经过了右扶风（今陕西宝鸡），就来到渭水上游地界的陇山一带。

这陇山又叫六盘山，右扶风恰好处于山脉的南端，陇山从东南往西北蔓延，它既是关中平原的天然屏障，又是北方重要的分水岭。这里山势雄壮，地形开阔，翻越了陇山，就要到陇西了。

因为陇山的阻隔，山的两侧形成了两个季节、两种景观。陇山是张骞和使团此行遇到的一道难关，特别是秋风一起，天气转凉，有几个随行的文书人员就病倒了，用了几服药之后，也不见好转。甘父主动请缨，带着几个身手矫捷之人，到附近山上盘桓一圈，带回来了几块淡黄色的根茎。他嘱咐使团负责炊事饮食之人，将此物切片、熬汤之后，让几个生病的人服用。几日后，服了汤药的病人神清气爽，再无不适。没想到看似普通的植物根茎，竟然能够药到病除！

"何物竟然如此神奇？"大家纷纷围着甘父好奇地询问。

"此物名曰黄耆，这附近山上长得不少。我早年在陇西一带当兵时，曾经不幸身中风寒。幸遇一位老者告知此方，救我一命。我跟随老者数月，助他采挖此物为报。"

有了这次仗义出手寻找草药的经历，大伙纷纷对甘父心生好感，说话也亲近了许多，也不再议论和笑话他的长相与众不同了。

随着使团继续前行，天气越来越恶劣，竟然在山坳之中遇到了一片滩涂沼泽地。大风一起，漫天黄沙扑面而来，这架势令使团一行人颇为震惊。特别是来自南方、从未见识过大西北猛烈风沙之人，以为渭水沿岸的风光和家乡虽有差别，但都能习惯，哪想着这挑战说来就来！

使团正在按照原定的计划有条不紊地分散围成几团，打算躲避一下风沙，忽然听到一阵马蹄声和厮杀声，快要摆好的队列顿时被一支来势汹汹的马队冲得四下散开。甘父着急呼唤张骞，被来袭的人盯上，直接围了起来。转瞬间，百十人的队伍被四分五裂、各个击破，有的被风沙迷了眼睛，还没睁开眼就被绳子牢牢套住。

风沙略住，张骞一行人已经被押解到附近的小山坡下。他们定睛一瞧，原来是遇见了当地的土匪打劫。

"好大胆子！你们竟敢打劫朝廷使节，不要命了吗？"张骞怒斥劫匪。

"你们一看就不是好人，竟然私通匈奴！要么我去报官，但估计官府也没空管你们这点事。干脆我替天行道，把这胡人宰了吧！"接话的人一听是朝廷使节，心中略微一惊，但也不动声色，说着话就把刀驾到了甘父脖子上。甘父大喊一声"我是汉家官兵！"听他口音如此纯正，没有丝毫胡音，拿刀的劫匪愣了一下。

"大汉地界怎会有你等如此行事之人？"张骞愤怒地斥责劫匪头目。

"这人说话文绉绉的，听不懂！军师，你来会会他！"劫匪头目唤了旁边一位身着曲裾、儒生装

使团被劫匪拦住去路。

扮的人。

"唉，这地方鸟不拉屎，黄沙一飞半年吃土。别跟我们谈礼仪。哈哈，我祖上还受教过孔圣人呢，先人也当过贵族公卿，现在不都没落了！不抢就没饭吃，没活路啊！"这位军师看似娓娓道来，语气却毫不客气。

张骞听了心中也是一震。没想到，才离开长安几天，已经仿佛隔了一个世界。此刻，长乐宫和未央宫恐怕正是灯火通明，哪里会想到，仅仅几百里之遥，就有这一年有半年吃黄土的地方！

"这样吧，我把粮食留给你们一半。但是，人，你们不能动。这是陛下派出前往西域的使团，关系到大汉边疆的安稳。如果我们有事，陛下定会派军前来清剿。"张骞义正词严又恩威并施的一番讲话，听得劫匪头目也是心中直犯嘀咕。劫匪们也只是小打小闹，为了养家糊口过日子，并不想真的把事情闹大，惹怒官府。

几番唇枪舌剑，加上粮食细软的恩惠，劫匪们终于把张骞一行放了出来。但是，经过此番折腾，只剩下七八十人了。那些随从之人，本来就有不少是死囚，为了获得新生的机会才答应参加西域之行，到传说中荒蛮野兽居住的西域。如今，借此机会逃窜了也不足为奇。张骞吩咐甘父清点一下人数和剩余物资，稍事休息，准备继续西行。

是夜，荒凉的大孤山上，草木零落萧瑟，一轮孤月悬在空中。张骞望着扎营休整的队伍和肃穆安静的营帐，陷入了沉思。甘父见张骞如此情景，心中对张骞这位使团的核心人物充满了敬重和感激！他临危不乱，有理有据地震慑了劫匪的气势，又诱之以利、说之以理，成功保住了随行人员的性命，还留下了最重要的基础物资，确保能够继续西行。

甘父默默从行囊中掏出一支小巧的三孔胡笳，轻轻地吹了起来。幽咽之声传来，令闻者感到悲凄惆怅。张骞回头一看，没有打断甘父，而是走过来，坐在他旁边，拍了拍他的肩膀。

"兄弟，今天受惊啦！"张骞安慰道。

"张大人，甘父岂敢与您兄弟相称啊！今天承蒙大人救命之恩，当结草衔环以报。还请您今后直呼我的名字，和我的家人一样，叫我甘父吧！"

甘父将自己的身世和盘托出，原来，他的经历颇为坎坷。年少时，他在漠北大草原上快乐成长，但不幸很快降临了。在一次部落之间的斗争中，他的父母族人都被匈奴王的手下杀害，还是少年的他被抓去当兵。谁知，在第一次派出打仗对阵汉朝军队时，他就被汉军活捉，卖给了堂邑县的一个贵族家庭，开始了十几年的为奴生活。幸运的是，这家人对他很好，他自称姓甘，于是这家堂邑县的贵族就给他起名为甘父。他为这家人服务了十几年，终于获得自由。恰逢大汉为了加强边疆防卫扩大军队，贴出了大量的招兵告示。他自幼擅长骑马射箭，一想到可以不愁吃喝，又能够发挥特长，便应召加入了汉朝军队。他凭借天生的矫健和机警，顺利通过考核，成为一名募兵，专门负责教新兵练习骑射。募兵不同于一般的征兵，而是有着更为突出的武艺和体力。在军队中经过多年锻炼，他不仅会讲匈奴语，还能够讲一口流利的汉语。

然而，他没有说出口的是，皇帝在一次外出狩猎时，无意中发现了他，悄悄派人把他召去，多次与他长谈，向他详细询问匈奴的生活习性、居住特点、行军打仗的方式。这次皇帝把他指派给张骞，正是一次筹谋已久的重要安排，绝不是一时兴起。

"好吧，从今以后，我就和你的家人一样叫你甘父了。只要没有外人在，你就直接喊我大哥。"张骞听了甘父的身世，也是感慨不已。

甘父激动得热泪盈眶，他本来以为像张骞这样的青年才俊，被皇帝看中的前途无量之人、代表大汉出使西域的官员，会瞧不起自己的匈奴出身和奴隶经历。令他始料未及的是，张骞不仅毫不在意，还要与他兄弟相称。

他拿起胡笳，对着夜空，继续吹奏自己的心曲。只不过，此刻的夜曲，不似刚才那样悲切，而是在浩瀚的夜空中盘旋，呜咽声中多了一丝空旷和辽阔，甚至，还夹有一丝生逢知己的深沉的喜悦。

翻越陇山，离开滩涂和秃岭之后，张骞率领使团直奔陇西而去。一路上的辛苦自不必说，随后翻过祁连山、越过乌鞘岭，更是充满惊险。

巨龙俯首，披云裹雾。乌鞘岭蜿蜒曲折，头朝西尾向东，东低西高，恰似一条蛰伏的巨龙，这乌鞘岭的风景，不可谓不壮观。张骞带着一行人，跟着向导艰难地牵马前行，每一步都小心翼翼。山道旁边就是万丈悬崖，一个不留神就会马坠人亡。在悬崖峭壁间的一线天，张骞命令使团将重物卸下、拆分，逐一通过。登上了岭头眺望，雷公山和牛头山直入云霄、烟雾缭绕，使团一行人纷纷驻足，被这天堑之景深深震撼！

甘父也是赞叹不已，说自己从未上过乌鞘岭，没想到是这等人间仙境。一时间，使团队伍中洋溢着惊叹和喜悦，大家克服了初登乌鞘岭时的恐惧，继续小心翼翼地前行，还时不时观望一下绮丽如画的风景。

这一路有惊无险，除了大自然的瑰丽壮美，倒是没有遇到其他意外情况。翻越乌鞘岭之后，张骞命令使团在山麓之下宿营，稍事休整，以备第二天继续前进。

等横渡黄河之后，他们就要进入河西走廊了。

黄沙万里塞天地，
一心向西更无惧

　　数日的奔波劳碌，张骞率领使团终于抵达了黄河边的一个小镇。这里有一处渡口，是附近最适宜渡河的地方。过了黄河，就离开了中原腹地，正式进入西部地区了。

　　"今天就在河边扎营休息！"号令一出，大家纷纷安营扎寨、搭灶生火。滚滚的黄河水顺着山势奔腾而下，到了这里恰是比较宽广的冲积平原，水势略有缓和。偶尔，还有过往的船夫，划着革囊。张骞走近一看，那革囊甚是精妙，以羊皮吹气而成，两头扎得严严实实，鼓鼓囊囊地绑在竹筏之下，竹筏就被革囊的浮力高高托起。看那一个个筏子客随波逐浪，娴熟地转换左右手，一看就是老把

张骞率领使团漂渡黄河。

式了。

夜晚的黄河，除了波浪拍击河岸的声音、风吹树林的沙沙声，就是河边营帐里使团队伍的欢笑声、喝酒行令声。张骞抬头仰望黄河之上的星空，漫天星辰与河畔的篝火相互辉映，此刻，他只想尽快溯游而上，渡过黄河，翻越祁连山，早点到达更远的地方，去到辽阔的西域完成此行的使命。

第二天是个好天气，张骞率领着使团，分别乘坐十几个革囊，开始漂渡黄河。上岸之后，一路行来，只见土壤肥沃、草木茂盛，这就是盛名已久的河西走廊了。河西走廊，顾名思义，位于黄河以西。实际上，它的南面是祁连山，北面则是合黎山，东面是乌鞘岭，西面则连接着西域，这块长条状的堆积平原，长约1000公里，宽则从数公里到200公里不等。

走进这条狭长的河西走廊，就逐渐进入匈奴地界。随着使团渐行渐西，一步步远离了大汉的疆域。没有了军队的护送和沿途官驿的补给，真正的挑战才刚刚开始。

第一站就是休屠（今甘肃武威）。根据出发前得到的情报，张骞知道这里已经不是安全之地。匈奴将月氏赶走以后，便加大了在这一带的兵力部署。张骞一行随时可能遭遇到匈奴的士兵，因为匈奴的休屠王经常在这附近活动，汉朝也被迫加强了这一带的驻兵。他命令使团整理好装备行李，特别是将兵器都悉数取出，随时准备迎敌。

汉武帝得到的情报非常准确，此时此刻，匈奴的休屠王和昆邪王镇守着河西的大片地区，休屠王活跃在这一带。

此刻，张骞率领着使团渐渐进入了戈壁地带。这里，也就是大汉和匈奴天然的争夺地与分界线了。

愁云惨淡，万里凝滞。抬眼望去，惊风飘过，白日炫目，恍惚间，张骞有一种不祥的预感。

"甘父，你小心观察前方动静，这里太安静了，不太正常。"

"是，属下也觉得这里太静了，没有一只飞鸟，也不见一头走兽。"甘父回到辽阔的草原之后，天生的鹰一样敏锐的视觉和听觉都被调动了起来。

忽然，他们看到远处起了风沙，细看却是一队人马正疾驰而来。使团队伍转眼间就被这队人马围了起来，张骞冷静一看，下令队伍原地待命。因为这支骑兵队伍一看就是骁勇善战、久经沙场，不是一般的散兵游勇，硬拼的话，使团肯定会全军覆没。

"我乃汉朝使臣，奉旨前往西域与诸邻结交友好。请代为通传！"张骞不卑不亢地对着骑兵队首的将领说道，"我等代表大汉天子，与匈奴友好共处，绝无恶意。"

那带头的将领一时间也拿不定主意，于是大吼一声："都给大王带回去！"于是，使团一行几十人被这两百多人的骑兵队伍团团围住，向着戈壁深处走去。

张骞一看，这路线并不是朝着休屠，而是偏移到休屠的东北方向六十里左右。经过两天断断续续的赶路，一行人浩浩荡荡终于抵达了这支匈奴部落的王城。都说匈奴逐水草而居，并无定所，但眼前这场景，让使团的人个个都惊得合不上下巴，因为从远处看这城墙，规模宏大，有里外双层，完全不是从前想象中的毡房的狭隘局促。使团被匈奴兵围着，带领到他们所说的大王面前。

狭路相逢，两将对垒。休屠王气势汹汹地坐在黑虎殿之上，两旁分列着的大臣和将领，身着羽冠，面色肃穆，命令士兵们将张骞一行带上来。休屠王劈头盖脸就训斥张骞："我与汉朝相安无事，你等为何要来侵扰？！"

"见过休屠王。我乃汉朝使臣张骞，奉使西行，搜寻西域名马，并帮我大汉天子寻找一位故人。"张骞不卑不亢的回答令骄傲的休屠王顿时没了脾气。但是，他岂肯就此罢休？心想这个汉朝使臣看起来仪表堂堂，不知道能有什么见识。干脆用匈奴的镇族之宝祭天金人震慑他一下，杀一杀这个汉朝使臣的威风！于是，休屠王命人将张骞一行安排在别馆，第二天派专人带他们去看祭天金人。

休屠王做梦也没想到，十八年后，一位少年英雄霍去病一举击破休屠王老巢，夺走了休屠王视为镇族之宝的祭天金人！

但是，此时此刻的张骞和甘父以及使团一行人，被祭天金人深深地震撼了！他们看到匈奴士兵和百姓正在为了迎接一年一度盛大的秋季蹛林（祭祀大会），忙碌地准备着各类物件、加固工事。巨大的八座祭天金人在阳光下熠熠生辉，晃得人无法直视。八座金人塑像的面前，供奉着牛头、野猪头和羊头。在祭祀场的周边，插着各种颜色和动物图案的彩旗，迎风招展，煞是好看。这一切，在辽阔的戈壁草原上，显得那么壮观！张骞默默记下了城墙主要攻防口的位置和重兵部署的方位，虽然心里也在暗暗吃惊和赞叹，但是他依然气定神闲地与带路的匈奴将士闲聊几句，彰显着大汉使者的气度与风范。

几天之后，休屠王派了一队骑兵，要把张骞和使团一行"护送"至龙城，也就是匈奴首领军臣单于的王庭。

一行人往西行进了两三日，途经一个繁华的城镇，张骞按照地图推测，这里应该是觻得（今甘肃张掖）。但是匈奴护送使团的队伍并没有从城镇里穿行，而是绕到觻得北面的丘陵地带。原来这里是匈奴的另一个王——浑邪王的驻地。一行人稍事休整，又继续前进。他们经过的下一个重要关口是敦煌，此时的敦煌，还只是一个小镇，朝廷并未设置郡县。

队伍经过七八天的跋涉，终于抵达了单于王庭所在地——龙城。此时坐镇龙城的是匈奴首领军臣单于。军臣单于是大名鼎鼎的冒顿单于的孙子、老上单于的儿子。而龙城的得名，是因为在单于大帐驻地前面挖井取水，水喷涌而出，汇成了一条小河，传说有条龙落入这条河中，因而此地被命名为龙城。

几十座大帐整整齐齐地排列在一处地势较高的山坡上，面对着宽阔的草场，右侧有一条溪流缓缓绕过，背后不远就是密林和陡峭的石块山。张骞一看这架势，就明白这军臣单于不同一般。驻扎大营是一个非常讲究的事情，不是普通的技术活，这在《孙子兵法》中有深入浅出的解释。而这单于王庭所选的地势和位置，处处彰显出智慧，的确不同一般。

与此同时，坐在大帐内的军臣单于也在构思和策划着一场事关匈奴未来发展的重要劝降活动。他已经在位二十二年了，这二十多年来，他苦心经营着这片草原戈壁，统率着匈奴部族。随着年岁的增加，他有时候也会感到力不从心。而他信赖的"汉人通"中行说已经因病去世，这些年，如果没有中行说这位熟悉汉人生活习俗和用兵习惯的军师陪伴左右，他岂能如此游刃有余地和汉朝周旋，每次都能够或多或少占到便宜。所以，收到休屠王截获大汉使团的消息后，他非常兴奋，觉得这是老天派给他的第二个中行说。

他记得中行说曾经建议他对待某些汉朝官吏要"待之以礼"，要懂得"收买人心"。于是，他安排部下，摆出匈奴首领的阵仗，一方面震慑一下汉朝来的使臣，另一方面也试探一下汉使的态度。

张骞远远看见匈奴大帐前两列队伍依次排开，直到辕门之外。听起来还有口簧琴和胡笳呜呜的响声，彩旗迎风飒飒作响，看这仪式阵仗，不愧是王庭！张骞也赶快换上了正式的使节服装，手持红色牦节，神态庄严肃穆，步伐稳健有力地朝着军臣单于的大帐走去。圆形的大帐位于王庭最中心的位置，走近一看，张骞心中暗暗赞叹，这单于的圆形大帐篷上面有顶，不受风吹日晒之苦；下面则由高大的轮子架起，一旦遇到险情，可以即刻转移，避免羁縻之困。这简直就是一个移动的指挥部，设计实在是精妙！

"我乃大汉的使节张骞，奉天子之命，前往月氏等地寻求名马，并探访曾经在战事中失散的一位汉朝王族。"张骞的自我介绍有理有据，一时间军臣单于找不出理由反驳。

然而，他狡黠一笑，对张骞说道："汉朝怎能遣使经过我国，到月氏去呢？我想经过汉朝，遣使到东越去，汉朝答应不答应啊？"

张骞没想到军臣单于如此直白，一点不顾及目前汉朝和匈奴至少表面还维持着友好局面的现状。

"我是据实相告，目前大汉和匈奴互为友邻，每年大汉输送给匈奴的布匹丝绸和食物用具，数量巨大。而匈奴每逢秋收时节，却频频来到汉朝边境讨要各种物品，我大汉天子都以和为贵，大度相赠，不做计较。如今，我奉天子之命出使，并无兵将士卒同行，完全是和平往来。单于如何才肯放我们西去？"张骞也干脆直白地谈条件。

"这也简单！你留在我王庭担任我的谋臣，助我发展大业。我就放你的手下继续西行。"张骞一看如此情状，再争执下去也是白费口舌，直接不再作答。

军臣单于也是火暴脾气，一看张骞这大义凛然不容商量地拒绝了他，顿时恼羞成怒，大手一挥，让人把张骞"请"到专门的营帐中，软禁了起来，并且下令把使团的其他成员分散安置到不同的部落，分配不同的苦工任务，没有他的允许，绝不准私下联络和相见。

张骞以为，从此以后就是牢狱之灾了。没想到，过了几天，竟然有一位大臣前来与他商讨婚事。原来，军臣单于对张骞印象颇好，不舍得杀他，想着一定要为己所用。而且，两军尚未交战，直接斩杀使者也的确说不过去。

"张使节，我们单于看您一表人才、仪表堂堂，非常希望您能够在这里多住一些时日，以此为家啊！"来人讲话热情客气但不容拒绝。

"多谢单于美意！我有家，在大汉，为何要在此长居？"张骞毫不犹豫地表明了立场。

"张使节，我也了解汉朝文化，之前中行说在世时，他经常讲起汉朝的各种新奇事物，我也颇感兴趣。但是人生在世，天各一方，各有各的活法。您在汉朝受到天子重视，出使西域，但万一无法完成任务，还要贬官杀头。在这里也一样可以生活，不受束缚、自由自在，岂不甚好！"来劝亲的大臣动之以情、晓之以理，软硬皆施。如此一来，反复纠缠了数月，张骞实在拗不过他们以杀了甘父和随行副使作为威胁，只好答应了这门亲事。

塞上日月似飞鸿，春去秋来，草原上的岁月过得真快。军臣单于赐给张骞的妻子虽然不是贵族，但也是自幼跟随在右贤王的阏氏帐下，所以很有智慧，而且性情爽朗，张骞对她也很客气。自从娶了这位匈奴妻子，张骞也渐渐融入了当地的生活，每天放牧牛马，外出打猎。他总有新鲜的办法，改造打猎的弓弩、研制一两味专治虫蛇咬伤的草药，都非常实用，很受匈奴人的欢迎。这位匈奴妻子勤劳持家，把一切都打理得井井有条，而且对于张骞的事情绝不开口多问一句，所以，渐渐地张骞对她日益敬重。一转眼，他们的儿子就要出生了。

这一天，王庭突然热闹起来，三三两两的将

士，个个都面带喜色，晚上的篝火燃料准备了足足燃烧一夜的分量。张骞默默观察，心里揣测着这是有什么喜事？他悄悄找来熟悉的负责为单于巡逻守卫的士兵喝酒，三杯酒下肚，张骞一问，原来是汉朝答应了与匈奴和亲，要派一位公主前来嫁给单于。

张骞心想，自己一直劝说亲汉的贵族大臣，让他们多了解汉朝文化，与汉朝加强沟通交流，互相通婚和结亲，如今终于开花结果了，那岂不是有机会见到汉朝和亲使者？如此一来，终于有人可以帮忙传信给皇帝，向他秉明自己被困匈奴一事。要知道，这生死未卜、杳无音信，也是欺君之罪啊！特别是那乌孙王猎骄靡，不停地带兵攻打月氏，现在月氏居无定所，张骞很难找到和他们的接头机会，完成出使任务更是遥遥无期。

此时此刻，远在长安城未央宫的汉武帝刘彻，也在挂念着出使西域的张骞。他和皇后卫子夫、御前侍卫卫青正说着此次和亲之事。

这次匈奴主动示好，请求和亲，他们推测有几个原因，一是连续几个月天气阴霾、草场长势不好，匈奴面临人困马乏的局面，需要汉朝的财物支援；二是西北边境一带在推行新的征兵制，驻守的将领兵士厉兵秣马，匈奴嗅到了威胁的气息；三是失去音讯、可能被匈奴掳走的大汉使臣张骞，也应该在匈奴内部发挥了一定的游说作用。但是，汉武帝也有头疼的地方，就是朝廷内部有不少人坚决主张用兵，不能再受制于匈奴的骚扰。

"直接出兵，我何曾不想啊？但是以我军目前的实力，既不能给匈奴以彻底痛击，又劳民伤财。而且，我军又没有熟悉匈奴战法的将领，怎能轻易用兵！"汉武帝有着多重的思虑和考量。

"陛下，臣愿意为陛下分忧。"卫青起身下跪，眼神坚定，语气沉着，"这些年，承蒙陛下栽培，臣熟读兵法，了解匈奴习性，愿意一试，为大汉出力！"

"朕知道你的忠心，但是，目前还不是最好的时机。"汉武帝摆摆手，示意卫青起来说话，"目前出兵一事还不够深入人心。只有我大汉上下一心，才能一举将匈奴歼灭，永除后患。这次，就依御史大夫韩安国的主张，还是和亲吧！多派几个人跟去，探探那边的底细，及时呈报给我。"卫青领命之后，立刻去挑选和亲队伍的护送士兵和随行人员，确保他们能够完成此行的重要任务。

这边，张骞还在策划和寻找着与和亲队伍相遇的机会，谁知军臣单于也不是一般人，他直接派张骞带着妻子前往北部的右贤王驻守地探亲和传令往王庭调动粮草。这个任务很轻松，但是却来得不是时候，一去一回大半个月，到时候汉朝的和亲来使肯定已经打道回府了。但为了不引起军臣单于的怀疑，张骞只好爽快地接下任务，并带领妻子迅速出发，期盼着一路行程顺利，如果返程能够提前几日，说不定还能够赶上和亲使臣的队伍。

谁知他们甫一出发，就遇上了大风沙，铺天盖地，卷草折树，狂风把一队人马吹得七倒八歪。这一场大风沙，不仅耽搁了行程，还差点误了调度粮草的传令时间。张骞只能自叹晦气，未能借这次机会联络到汉使。

好在和亲使者送来了彩礼之后，军臣单于很是欢喜，把名贵的金银珠宝收入库中，又将一应的丝绸器物和米蘖赏赐给左右大臣和将士，王庭上下都欢天喜地。

张骞和妻子一行回来之后，继续过着波澜不惊的生活。只不过，他进一步加强了与各方面的联络，摸清了被分散到各部落的旧日下属。他手艺好，爱钻研，甚至和妻子开起了一个小酒铺，用他在汉朝学会的技术，使用米蘗酿酒，而且不求利息，甚至白送供大家畅饮，颇受贵族和将士们的喜爱。

汉武帝这边也并不平静，建元六年（前135）春二月，辽东的高祖庙发生火灾。边郡的高祖庙失火可不是好兆头，祸不单行。四月，高祖陵寝中的偏殿又起火。为此，汉武帝专门穿戴了五天的白色冠服，戴孝请罪。

这年夏天的五月，太皇太后窦氏薨，帝国的大权终于完全掌握在了年轻的皇帝手中。他立即大刀阔斧地开始了一系列改革，此时，被窦太后罢免的田蚡也已经复相。武帝即位之初就任命儒士窦婴为丞相，田蚡为太尉，赵绾为御史大夫，倾向于以儒家为正统思想的政治格局，此时才真正走到历史的前台。

第二年（前134），汉武帝采纳董仲舒的建议，下令各郡国举荐孝顺亲长、廉洁正直之士，开始大规模选拔人才，全面加强大汉帝国的统治。为了安抚人心，他还宣布大赦天下，恢复七国之乱时被削去皇族族籍人的身份。

元光二年（前133）夏天，汉武帝听取大行令王恢的计谋，准备诱歼匈奴王军臣单于主力。

这个计谋其实并不高明，但设计者很懂得匈奴单于的心理。首先，安排一名雁门郡马邑（今天山西朔州朔城区一带）的商人聂翁壹，通过走私运送紧俏的货物给匈奴，建立起和匈奴的联系。等到匈奴对他产生信任之后，再让他假装要出卖马邑城，引诱军臣单于前来接收城池和财物。汉朝大军则以逸待劳，在马邑城内外设伏，一举擒拿匈奴王。

聂翁壹按照约定，顺利获取了匈奴人的信任，并且得以面见军臣单于。他带着大量的财宝货物进献给单于，信誓旦旦地向单于保证，自己富可敌国，有钱能使鬼推磨，拿下小小的马邑城轻而易举、不在话下。军臣单于大喜过望，他早就觊觎马邑城里的货物、粮草和财宝，于是当即和聂翁壹约定，以城门上悬挂马邑城长官的人头为号，带兵进入马邑城。

回到马邑城之后，聂翁壹立即按照之前和大行令王恢商量的计策，将监狱里一个死囚的人头悬挂于城门之上，并传信给单于，请他速速入城接管马邑。军臣单于收到信报后，信以为真，立即点兵率领十万骑兵，一路飞驰，直奔雁门郡的武州塞（今山西大同左云县南部）而来。

汉朝这边也部署了大量的兵力，仅埋伏在马邑城周边的就达十万之众，随时准备对军臣单于率领的匈奴兵形成围歼之势。为了确保此次围歼的成功，御史大夫韩安国亲自压阵，担任总指挥，命令骁骑将军卫尉李广、轻车将军太仆公孙贺、将屯将军大行王恢、材官将军太中大夫李息等四位将军分成四部，总计有三十万之众，等待单于自投罗网，一举将其歼灭。

军臣单于生于草原、长于大漠，对于牛马和水草都非常熟悉，也有着一双像鹰一样锐利的眼睛，时刻对周边事物保持着高度的警觉。他一路率领骑兵向马邑城奔袭，在距离目标还有一百多里路的时候，就发现情形不大对劲。因为这里牛羊遍野，却不见有人放牧，于是暂时停住了前往马邑城的进兵计划，转而命令大部队前去攻打附近的燧亭。汉朝为了维持地方治安，专门设立了"十里一亭"的亭长制度，用来防范盗贼，保证附近百姓的平安。亭长只负责安全防卫，不管理稼穑耕种和百姓日常事务。与之相对应，在边郡地区，也基本上每十里左右设立烽燧台，负责人叫亭长或燧长。军臣单于非常狡黠，他命令攻打燧亭，正是敲敲边鼓，看看有什么异常。谁知道，竟然刚好遇到雁门郡尉史在巡逻，而这个郡尉史，是雁门塞尉的副官，他当然知道这次马邑城伏击战的部署。军臣单于的运气也好，恰逢这个尉史没什么骨气，几句恫吓之语，就吓得他把马邑城设伏一事和盘托出。

军臣单于一听，惊出了一身冷汗，如果直接入城，这三十万汉朝大军，团团围住马邑城，踩也能把自己踩成肉泥了！他当机立断，领军撤退，一路狂奔到塞外，才长出一口气，感慨道："天不亡我啊！天助我也！"于是，把挟持来的尉史松绑，并封他做了"天王"。

这边汉朝伏兵一直在马邑城边等候，却迟迟不见匈奴大军的影子；四位将军率领的军队部署在周边，也在苦苦等待目标的出现。突然得到消息，说是军臣单于已经飞速撤退，大行令王恢率领的这一部人马，原本的任务是拦截匈奴的辎重。但是，王恢一听单于撤退了，担心自己率兵出击的时候，与匈奴的主力部队遭遇，到时候必然死伤惨重，就不敢率兵追击了。汉武帝听后勃然大怒，下令立即将王恢斩首示众。谁知，传令的人回来说王恢已经挥剑自刎了。

这次伏击匈奴，不是王恢第一次大规模带兵作战。两年前，闽越王郢出兵攻打南越，南越派人向汉朝求救，汉武帝就命令大行令王恢率兵出豫章（今江西南昌），同时派大司农韩安国兵出会稽（今浙江绍兴）。闽越王一看这架势，自己先乱了阵脚，被手下杀了并献给汉朝。所以，这次伏击匈奴，是王恢和韩安国的再次联手。兵败被问罪，王恢也是懊恼气愤，不待汉武帝的惩罚公布，直接自刎以谢天下。

军臣单于则带着他的十万骑兵和新虏获的"天

王"回到了王庭，从此以后，又开始了频繁地骚扰汉朝边境，之前和亲的相安局面再次被打破了。

张骞听说此事之后，不动声色地加紧了与旧部的联系。并且，他酿了更多的酒，与匈奴上上下下的将士和贵族分享，特别是往来的商贩，期待从他们口中多探听一些汉朝军队和月氏族人的消息。多方打听，只听说哪支部落又去汉朝边境骚扰，得了一大批牛羊和财物；哪支商队又从汉朝边郡新开设的贸易集市买到了最新的丝绸和好酒；月氏被乌孙王猎骄靡追赶，已经被迫西迁到伊犁河流域了。

十年夜卧瀚海阔，
大漠孤烟星寥落

　　漠北的夜空寂静辽阔，漫天繁星仿佛触手可及，空气中充满了原始的质朴与清冽，每一口呼吸都直抵心肺深处。此刻，张骞正斜卧在大漠草原交界处的一个小山丘上，在夜色下，他坚毅的面容显出了清晰的眉目轮廓，黝黑的脸庞上微微透出红光。他拎起酒壶，抿了一口马奶酒，微涩的口感不禁让他眉头一蹙，如今这酒壶里装的是匈奴当地的土酿，虽然比不得汉朝的酒，但也聊以慰藉思乡之苦与羁縻之悲了。

　　当年一起出发的一百二十三人，如今只剩下不到一半了，还被分散安排到各处，平时很难见上一面，所幸还有甘父一路相陪。甘父是匈奴人，虽然被俘，但当地人待他还算和善，现在已经允许他自由出入。他每天做完劳工，都会过来看看张骞，聊上几句，带来一些最新的消息。

已经八年了！从建元二年（前139）揭榜出发，离开繁华的故都长安，踏上这茫茫草原，如今汉家天子还好吗？此时此刻，他正在灯火通明的未央宫处理政务？还是已经回到了昭阳殿休息？张骞不敢去想，万里之遥，生死之隔，不知道此生能否还有回归故土、面见天子的那一日！

八年的沉寂，在外人看来，张骞似乎早就忘记了来时之路。匈奴人以为这个壮汉早就被磨掉了心志，坐拥娇妻幼子，再无他想。于是，对他的监视也日益放松。最初三年，巡守的士兵几乎是贴身跟随，寸步不离。随后几年，慢慢地允许他小范围自由行动，比如放牧的时候，士兵就在山头上远远地监视。张骞高高的个子，在茫茫草原上很显眼，风吹草低见牛羊的景致，也吹淡了士兵对张骞的敌意。有时候，他们还会笑话张骞不会放牧，害得牛羊半夜饿得直叫，吵得兄弟们不得安睡。

到了眼下这第八年，张骞在放牧方面早已成了一把好手。有时候他会带着两个儿子一起放牧，手下的牛羊个个肥大壮硕。当年负责看守他的小士兵也都长成了汉子，昔日的壮汉生出了白发。有时候，看管张骞的士兵，只在早晨和日暮时分来看看他是否按时完成放牧任务和归家。

草原的落日格外壮观，红色的晚霞烧透了半边天，那一轮红日乍一看还有一人多高，转眼间像是跳到了胸口，又落到了云层的裙边处，很快便隐匿在一望无垠的草线之下。辽阔天地之间，人心戒备也都慢慢被消融。张骞带着两个儿子放牧归来，看着炊烟冉冉升起，那是贤惠的妻子做好了晚饭，等待他们回家，岁月静好，大概就是这等时光。

甘父看着张骞慢慢适应了这里的生活，也打心眼里为他高兴。得空时，便给负责看守张骞的士兵带上一壶酒、一箪烤肉，趁着守卫不在身边，他就陪张骞说说话。他明白，张骞心里想着更大更远的世界，虽然他自己不懂，但是受人之恩当生死以报，当初张骞答应带他一起出使西域，给他一个建功立业的机会，他此生都会认张骞这位主人。看着主人痛苦，他也很着急；如今看着主人似乎接受了

张骞有时会带着两个儿子一起放牧。

新生活，还有滋有味地活着，他也开心。

"子文兄！子文兄！"甘父的声音在夜空中随风飘来，张骞起身一看，明白这是妻儿牵挂他，恰逢甘父来探望，于是妻儿便委托甘父出门寻他。他并不着急应答，这个山丘甘父也非常熟悉，肯定会寻过来的。

寂静的夜里，人的头脑也分外冷静。微微的酒醉，令张骞感觉耳后有些发烫，但是此时此刻，他却格外清醒地听到自己内心的呼喊："我不能放弃！我一定要离开这里！"

"您让我好找啊，子文兄。又在这里夜观天象、心系黎民啊！"甘父打趣道。

"你小子可以啊！现在不仅敢直呼我名字，还会咬文嚼字了。"张骞嘴上埋怨，但心里一暖，刚开始甘父无论如何都开口闭口称"使节""恩公"，纠正了多少遍，才敢直呼名讳。有很多心里话，自己不敢对妻儿提起，怕给家人带来杀身之祸。也只有甘父完全明白自己的心意和有口不能言的苦楚。

"八年了，从咱们离开长安，到今天整整八年了。长安城的槐树又绿了吧？渭水边还是那么热闹吗？上林苑的海棠花开了没有？"

"子文兄，你又想家了！"甘父不知道该如何安慰他。

"不是想家，是有家难回，你我当年辞别皇上，发誓要完成任务、建功立业而还。如今，我有何颜面回大汉！"张骞激动起来，他对着甘父，掷地有声地说："我们一定要活着离开这里！继续前进！"

"对，活着离开！继续前进！"甘父应和道。

"我们一定要离开，不是逃回大汉！"张骞激动起来，腔子里有一股热血在涌动，仿佛那漫天的繁星给了他无尽的勇气和希望。"我们要继续西行！我们要找到盟友，找到西迁的月氏，联合起来赶走匈奴。从此大汉往西一望无际，海阔天空，再无任何藩篱阻隔。我们大汉的车马，要万里畅通无阻地西行！"

北方玄武七星中的斗牛星正闪闪发亮，喝得跟踉跄跄的张骞在甘父的搀扶下慢慢往自家毡房的方向走去。夜幕下，两个人的影子被拉得很长很长。

转眼又过了两年，到了元光六年（前129），张骞已经三十五岁了。十年蹉跎，岁月匆匆，当年满腹壮志，揭榜挂帅、请缨出征，何等的少年英雄！如今，而立之年已过五载，自己却功未成、名未就，依然滞留在大漠草原之中。十年时光如白驹过隙，他不是没有痛苦和迷惘的时刻，有时候也想着干脆就妥协和放弃，在这里度过余生吧！但是，心底深处的热情与理想很快战胜了懦弱与退缩的想法，张骞自己也在暗暗警醒和自我激励，要活下去，不要忘记使命，不能迷失自己！要一路向西，要找到西迁的大月氏，联合抗击匈奴，让大汉从此再无西部边陲骚扰战乱之患！要建功立业，让家人亲族以自己为荣！要让大汉边境黎民过上平安祥和的日子！

张骞不是一个消沉无所作为之人，他被困于匈奴的这些年，积极与匈奴上下各方势力联络沟通。当然，不是公开地进行游说活动，而是向他们介绍汉朝的风俗、制度，教他们识文断字，熟悉汉朝文化。富丽堂皇的宫殿、笔直畅通的街道、满城花香的长安，都令向往大汉的匈奴贵族和将士听得如痴如醉。张骞明白，赢得青年人就赢得了未来，他对匈奴太子於单格外用心。平时，他充分利用各种可以见到太子的机会，向太子介绍汉朝文化，讲解汉朝的官吏选拔和管理，以及地方郡县的治理，这些常常令太子听得着迷，拉着他反复询问，不肯离去。日积月累、润物无声，匈奴太子於单的心中，充满了对汉朝的景仰和向往。而这也为将来於单在匈奴内乱时投奔汉朝奠定了基础。

峰回路转，否极泰来。等待了十年的机会终于到来了。

元光六年（前129），筹谋已久的汉武帝决定出击匈奴。四年前，他听信大行令王恢以马邑城诱降匈奴的建议，结果却因为被军臣单于察觉而功败垂成。此次，他更加严密地部署兵力，派遣了车骑将军卫青、骑将军公孙敖、轻车将军公孙贺、骁骑将军李广四位大将，各自率领上万骑兵直接到边境的贸易场所攻打匈奴。平时，匈奴喜欢驻扎在这里，在边境采购汉朝的物品，有时也顺便劫掠一些。

卫青将军从上谷（今河北怀来附近）出发，直接进军龙城，攻击匈奴祭祀祖先、天地、鬼神之地，杀死及俘虏七百余人。公孙贺将军从云中郡

（今内蒙古土默特右旗东部）出发，这是战国时代赵武灵王驱逐林胡、楼烦的故地，不过这一路军队没有太大收获。公孙敖将军则从代郡（今河北蔚县北部地区）出发，这一路军队不幸被匈奴打败，战死战伤七千余人。李广将军从雁门郡（今山西右玉县南）出发进击匈奴，也被匈奴打败，最惨痛的是，李广兵败被俘，后来又侥幸逃归。

这次出兵，除了卫青略有战绩外，其他几路人马除了耗费粮草和兵力，几乎一无所获。汉武帝非常生气，下令将公孙敖和李广下狱，二人最后以出赀赎罪的方式捡回一条命，但是被罢免了官职。

汉匈边境从此不得安宁，这年冬天，军臣单于多次派人来边境侵扰，边境百姓深受其害。第二年（前128）秋天，匈奴派了两万骑兵入侵，杀害了辽西太守，还劫掠了百姓两千余人。此时，将军韩安国屯守渔阳郡（今北京市怀柔区），负责防御匈奴。想当年，他率领千军万马，是战场上的最高指挥官，震慑南越、立威匈奴，如今，被降职为一个小小渔阳郡的守备，手下兵力不足千人，险些被匈奴全歼。幸亏有援兵到来，才侥幸不死，他也是郁郁寡欢，不久之后就死在了渔阳。

随后，匈奴又来骚扰雁门郡，杀害千余名士兵和百姓。汉武帝忍无可忍，派将军卫青率领三万骑兵出雁门，李息出代郡联合夹击匈奴，杀获匈奴首级数千。

在这样频繁的战事中，匈奴内部也不太平，特别是元光六年（前129），由于卫青直击龙城，直接引发了匈奴内部的动荡和骚乱，士兵都被调往王庭负责护卫，连看守张骞的士兵也被调走了。如此一来，等待了十年之久的机会，终于到来了。

张骞迅速联系甘父，令他向在近处驻守和干活的使团旧部发出信号，当天夜里出发！时不我待，机不可失。当天夜幕降临时，张骞像往常一样，迈着稳重的步伐，向家里走去。到家一看，妻子已经在帐篷外煮好了奶茶，晚饭也备好了。他望着妻子，这位与他相濡以沫的匈奴女子，百感交集。妻子虽然不是汉族女子，但是勤劳善良能干，把家里家外打理得井井有条，还为他生了两个孩子。而她，深深地明白他的心意，鸿鹄之志岂会长久偏安一隅！这些年，他的所作所为，她默默看在眼里，记在心里，但是从来不多说一句。

"我已经备好了干粮，马匹也都喂饱了。"妻子说完，转身把柜子的锁钥递给张骞，"通关文书在里面，节杖在后面的羊毛毯子里包着。"

"我……"面对妻子的豪爽仗义和通情达理，张骞反而不知道该如何说，"你和孩子们等着我，我一定会接你们一起回家的。"

张骞眼含热泪，和妻子紧紧拥抱在一起。这一别，天各一方，不知何年何月才能再次团聚！

张骞含泪告别妻子。

万里快意策马急，
天边盟友通安息

　　月黑风高，连夜遁逃。这一走，就是十几天，张骞和甘父两人率领着不到三十人的旧部在茫茫草原和戈壁滩上逃命，饿了就打草原上的野兔、野鼠充饥，渴了就喝一口滩涂的积水。近十年的草原生活，他已经适应了这种风餐露宿的日子，加上身体底子好，强壮有力的臂膀和双腿使他在草原和荒漠上的生存能力丝毫不亚于那些土生土长的匈奴人。

　　按照张骞长久以来深思熟虑的路线，他必须在最短的时间内离开匈奴的势力范围，但是，又不能一路直向西北，根据这几年断断续续搜集到的情报，乌孙已经攻占了月氏之前所在的伊犁河流域，月氏被迫迁往更西的地域，并且降服了那里的原住民，很可能已经抵达葱岭以西、大宛以南的阿姆河北岸一带。这些月氏人被称为大月氏，而留在河西走廊的残存的一小部分被称为小月氏。所以，张骞带着甘父和小部分迅速聚集起来的使团旧部，昼伏夜出，直奔车师而去。

抵达车师之后，他们一行乔装改扮，按照当地习俗，换上了皮袍毡帽，然后不再往西，而是折向南行，进入焉耆国。抵达焉耆国的首府员渠城，这里已经距离长安有七千多里了。

张骞和随从们在这里简单休整了一下，补充好供给，寻到了十几匹矫健的焉耆马，继续沿着塔里木河西行。沿着河流行进，有诸多好处，一是不会轻易迷路，二是可以随时补充水分，三是沿途都有商贸交易点，行人相对较多，易于乔装和隐藏。

这样一路向西，他们顾不上人马劳顿，只求早日到达目的地。这一路的风景，他们无心欣赏，但是张骞却留心观察，越往西走，风貌与匈奴差异越大，特别是龟兹一带，瓜果飘香，集市上到处有人载歌载舞，一派和睦风光。这里的音乐，给张骞留下了深刻的印象，他脑海中一直反复响起几段熟悉的旋律。张骞敏锐地观察到了龟兹的音乐和水果等地域特产。

继续前行，离开了人群聚居的绿洲，他们就到了大片大片的草场。纵马在草场上飞奔，两耳边呼呼的风声掠过，不到两日功夫，壮观的胡杨林、雪峰和沙漠就接踵而至。

再往西南方向而去，他们抵达了距离长安九千多里的疏勒城。过了疏勒，翻越葱岭，就要进入月氏的势力范围了。此行历经艰险，千里奔赴的目的地——西迁以后的大月氏终于就要到了！

葱岭，听其名而知其意，这里长着一种很耐寒的高原野葱，山崖上、道路旁都是一片葱翠，过往的商旅和行人就将此处唤作"葱岭"。这里高寒缺氧，却是西去的必经之途。虽然海拔很高，但是葱岭的顶部却很平坦。

张骞一行沿着这宽阔的高原东边的峡谷，溯流而上，一路上风景变换很快，在山脚下还是春风拂面，草场上开着明黄色的小花，野牛羊在悠闲地吃草。往山坡上走了半日，就刮起阵阵寒风，树叶也由阔叶变为针叶，到处是一片肃杀的风景。

甘父虽然自幼在匈奴长大，却也没见过一天之内四季变化如此大的风景，他对张骞不停地发出惊叹，"太开眼界了！不曾想此生还能见到如此风景啊！"队伍继续沿着峡谷前进，有几位随从开始上吐下泻，头痛不止。

"我们得放慢速度，这是当地人说的高山症状。"张骞下令手下都放慢脚步，尽量大口呼吸，到了这个地方，正常人都会有不同程度的不适，"大家不要恐慌，向导已经料到此事，提前给大家备了草药，每人都含在嘴里一些。"甘父给大家分发了草药。

由于路途艰险，几匹老马不堪重负，倒地不起。他们胆战心惊、小心翼翼地翻越高原上的几条山脉，经过长年被冰雪覆盖的山口，终于看到葱岭平坦的顶部。这一路十分艰险，人员也有死伤，但是大部分都咬牙扛了过来，追随着张骞终于顺利翻越了葱岭。

"上山容易下山难"，下山的道路更有挑战。由于无法骑马前行，他们就一人一马，牵着缰绳徒步下山，还没到半山腰，就有两个随从脚下一滑，直接跌落下去。就这样一步一步小心翼翼，张骞率领一行人终于抵达了葱岭西侧的平坦地带。第二天，在河边稍事休息之后，他们继续前进，终于走到一处略显繁华的集市，来来往往的行人和马匹，和之前葱岭以东所见都不太一样。甘父找了路边一个牵着骆驼的商人，一问才知道，这里已经是大宛地界了。

"我们到大宛啦！"按照之前的路途计算，这里距离大汉已经足足有万里之遥了。张骞和甘父两人走在熙熙攘攘的集市上，发现这里有很多售卖马匹的商人，而且，这里的马匹比焉耆马还要彪硕健壮。偶尔路过一队骑马疾行的队伍，只见那领头的几匹高头大马，红棕色的马鬃迎风飞扬，前蹄高高扬起，仔细一看，竟有红色的液体像殷红的鲜血一样顺着马脖子往下滴。

"甘父，这是传说中的汗血宝马啊！我听闻西天万里之遥有天马，这汗血宝马就是天马的后代。传说这种宝马日行千里，出汗如血，是万里挑一的好马啊。有了这马，我们大汉的骑兵必将天下无敌！"张骞非常兴奋，他知道这天马也是汉武帝日思夜想之物。

二人寻到大宛王城，递交了使节通关文书。大宛国王毋寡喜出望外，他一直听说万里之外的大汉王朝非常强大富裕，有心结交，只愁没有机会。张骞主动前来，这是千载难逢的机遇啊！

大宛国王毋寡看着无比狼狈的张骞，有些疑惑，关切地询问张骞："贵使自大汉前来，路途遥远，听说有万里之遥，你等一定是风餐露宿，颇受旅途劳苦，所以如此疲惫。"

"多谢国王关怀。"张骞不卑不亢地回答，"实不相瞒，我等离开大汉已经十年多了。"

"万里之遥，竟然足足走了十年！"大宛国王惊得瞪大了眼睛。

"我等经过匈奴时，被羁縻扣押，军臣单于表面上以礼相待，实际上将我软禁，不许离开。我等是借匈奴内乱，才侥幸逃脱。我大汉使臣队伍，离别故土时浩浩荡荡，天子亲自送行，一百多人满载大汉宝物，欲来结交大宛和月氏，联手抵抗匈奴的骚扰。没想到，财物被洗劫一空，人也被分散到各处羁押。如您所见，连我的副使都没能顺利脱险，目前还被扣在匈奴。"张骞一边向大宛国王毋寡示好，表示出结交之意，另一边试探大宛国王对大汉和匈奴的态度。

"哎呀！使节此言，深得我心啊！我也是早就听闻万里之外的大汉国力强盛、疆域辽阔，想和大汉结交，无奈东行的道路被匈奴人把控，不得前往。"毋寡毫不掩饰对大汉富庶的向往和结交的愿望。

"我若能够顺利前往月氏，完成此行使命。他日回到汉朝，一定向大汉天子秉明您的心意。我大汉天子爱护天下子民，必将以珠宝丝绸和宝物相赠。有我大汉的庇佑，可保大宛长久太平，再无人敢前来侵扰。"张骞抓住大宛国王的心，以重金厚利和恩荫保护加以安抚。

"此言深得我心。使节放心，我一定妥善安排，帮助你们尽快找到月氏，完成使命回朝。"毋寡命令下属好好准备，热情接待了张骞一行，安排好他们的食宿，并请他们在大宛到处转转。

大宛的风土人情，吸引了张骞的注意力，他和甘父在这里徘徊多日，每一天都有新奇的事物和见闻。比如看见了许多以前从来没有吃过的物品，这里有一种水果，甘甜爽口多汁，当地人唤作"蒲陶"（葡萄），紧绷的外皮之下，是柔软晶莹剔透的果肉，而且中间有籽。最神奇的是，这种"蒲陶"还可以发酵酿酒，散发出琥珀色的光泽，口感甘甜醇美！张骞明白，此物一定会让大汉天子和爱酒之人震惊和欢喜！于是，他让甘父跟随售卖蒲陶的农人直接到家里取来不少带土的蒲陶藤，还要了许多蒲陶籽，打算带回大汉，看看这神奇的果物能否在大汉的土地上扎根、开花、结果。

他们还发现了一种非常耐嚼的细小颗粒状植物，当地人唤作"油麻"。张骞这才恍然大悟，原来酒馆的香气，除了源于蒲陶酒外，还源于饭菜里的这一种特殊香味——油麻榨出的油散发出来的。除了油麻，他们还在饭桌上发现一种比中原的小蒜个头大了许多的蒜，如果家乡汉中的蒜称作"小蒜"，那这里的蒜可真算得上是"大蒜"了。加上那洒在饭菜上的绿油油的小叶子——芫荽，别具一番风味。当地人告诉张骞，有了这些油麻、大蒜、芫荽，不仅饭菜口味更佳香美，而且还令人身体健

张骞领略了大宛的异域风情。

康、延年益寿。张骞如获至宝，让甘父和随从多多收取和采购胡麻、大蒜和芫荽的种子，他要让故土的百姓也吃到这口感香甜、益寿延年的好物种。

在大宛的这些日子，张骞等人非常轻松惬意，这是他们从匈奴出逃以来难得的茶足饭饱的好日子。闲暇之际，张骞常常想起万里之遥的故乡，大宛人不像匈奴整天骑马走猎，逐水草而居，漂泊无定所。而是家家户户安居乐业，有固定的居所，以耕种稻麦为生，屋前屋后都是一派生机勃勃的乡村风光。这里，多么像家乡啊！当然，这里也和家乡父老的诗书礼仪不同，虽然定居，但他们仍然都擅长骑马射箭，号令一来，无论老幼都能上马杀敌。

在大宛国王的支持下，继续西行的道路非常顺利。大宛国王给他们备足了干粮马匹，安排了熟悉道路的向导，以及熟悉西域各国语言的翻译官，随行护送张骞前往更西处的康居。他们一路往西又行进了两千多里，来到了康居的卑阗城。康居有着大小数百个城池，地方数千里，特别是兵士有八九万人之众。

康居人非常擅长做生意，所以贸易和商业非常发达，集市上热闹非常，有来自大汉的丝绸、瓷器，也有来自遥远的西方的物件，都陈列在店铺里，任人挑选。而且，他们的钱币是用白银浇筑而成，上面还刻着国王头像。张骞细细观察着康居的街市和行人，大街上还有不少僧人，随身携带着厚重的典籍。但是，那些典籍不像汉朝记载在竹简上，而是记录在皮革上！

康居国王也热情接待了张骞一行，并答应继续派人护送他们前往南方的月氏。

张骞在西域忙碌着，而此时东方的大汉王朝，还处于和匈奴交战的胶着状态。元朔二年（前127），汉武帝再次派大将卫青从云中郡出发，向西直接发兵陇西，这是又一场大规模的汉匈之战。卫青率领大军先后击败楼烦王、白洋王，杀死匈奴将领和士兵数千人，掳获牛羊百余万头。最重要的是，他收复了自秦朝蒙恬死后失去了七十余年的黄河河套以南的故地。为了加强对河套地区的管控，卫青下令修筑了朔方城，并且组织和调动力量重新修缮了秦朝时蒙恬为了防御匈奴所建造的防御工事。汉武帝为了表彰卫青的卓越战绩，在这一年封卫青为长平侯。

从此以后，依赖黄河的天然屏障，汉武帝下令直接在此地设置朔方郡，加强对边境的控制。朔方郡的设立和朔方城的修建，标志着汉朝在对匈奴的斗争中有了稳固的前沿阵地，逐渐掌握了主动权。

与此同时，汉朝放弃了上谷郡的造阳（今河北张家口市）地区，因为造阳位置偏远，是燕长城东部的起点，孤悬于长城之外，不利于布置兵力守护。匈奴一看还可以在造阳一带活动，也就不急于围攻和争夺朔方郡。

琵琶声动胡旋兴，
煦日高歌酣性情

　　西行途中的张骞也没有急于前往月氏，而是细细考察了一番康居的民俗风情。他心里有一个新的计划，康居和月氏近在咫尺，此行最终目的是联络月氏，共击匈奴。而康居作为有着数百个城池、八九万士兵的大部落，不可等闲视之。如果月氏的态度有变，康居将是一个非常重要的联合对象。

　　来到繁华的市集上，张骞观察着这里的每一个人、每一间商铺和每一座房屋。最令他惊奇诧异的，是那些闻歌而舞的女子，敲鼓的人双手急速以指尖触鼓面，节奏极快，嘈嘈切切如雨点，而起舞的女子随着鼓点旋转，似乎永不疲倦，直转得裙摆翩然若飞。张骞看得头晕目眩，但那起舞之人，依然如履平地。

　　向导看出了张骞的兴趣，便饶有兴味地向他介绍："使节大人，这就是康居最著名的胡旋舞！康居人身形轻盈，喜欢节奏轻快鲜明的音乐，并且能够急速旋转而不眩晕，即使踩在圆球上也不会掉落下来。这是他们的一大绝技呢。"

　　张骞对于康居人的这一习俗本身并无兴趣，他脑海中浮现的是四处从事商贸贩运货物的康居人，他们不沉迷于安稳坐着享受生活，还能够有如此矫健的身手和绝技。那康居士兵骑在马上，左右射箭、上下翻飞，是不是也能如履平地。如果可以，那将是最彪悍的骑兵射手啊！

　　康居的风土人情，的确与匈奴有很大差异，但他们和月氏有很深的渊源，所以，张骞在康居流连数日是有深谋远虑的，绝非看看歌舞那么简单。

　　这日午后，张骞正在街市上和一位牵骆驼的老者攀谈，详细询问老者四处游历和贩卖货物的神奇经历与见闻。忽然听到一阵流水般的音乐声，顿时生出思乡之感，这乐器声音与长安的批把声何其相似啊！弹拨之间，音韵流转，张骞回头一看，只见一名女子捧着乐器骑在马上经过。老者说："这是四弦、四相的曲项琵琶，形状和我们这里的一种水果很相似，所以又叫梨形琵琶。弹琵琶的女子叫'禄珊妮'，我们这里都是这么称呼女孩子的。男子就叫'禄山'。"

"此种水果，我们大汉也有，而且甘甜多汁。只不过形状与这里的梨略有不同。"张骞回想起故乡甘甜的秋子梨，想起年迈的双亲，十多年过去了，不知道他们是否还健在。忠孝未能两全，想到远在万里之外的双亲，张骞的眼眶湿润了。

张骞一边与老者攀谈，一边想着如何打听兵力的管辖和部署，恰巧看到一个传令官持着令羽来寻张骞，说是国王有请，要与使节商议要事。张骞立刻跟随传令官进了王城内宫，见到康居国王正笑逐颜开地与臣子商议事情，一问才知原来康居国王想派王子跟随张骞一起到大汉看看东方大国的风采。张骞听了也很激动，他立刻向康居国王表示了非常欢迎和期盼王子到东方看看大汉的风土人情，感受东方文化的魅力；只是此行的目的是和大月氏联合，商议抗击匈奴之策，还不知具体返回大汉的日期。张骞表示，等到了大月氏，递交文书面见大月氏王商议国事之后，立即派人来请康居王子同行返回汉朝。

康居国王、王子和大臣们都很高兴，赐宴款待张骞和随从，并备好了马匹和干粮，一路护送他们前往大月氏。

大月氏，我来啦！十年啊，我终于要抵达这个日思夜想的地方！张骞掩饰不住内心的激动，骑马昂首阔步地走在队伍最前列，恨不得插上双翅，飞到大月氏王面前。

葱岭东南部的高山冰川，融化为清澈甘冽的河水，流淌在中亚大地上，这条中亚地区流程最长、水量最大的内陆河，被唤作阿姆河，又叫妫水。在阿姆河的雨季，大量的雨水裹杂着泥沙冲击而下，形成了阿姆河的河谷和冲积平原，当地的人民便沿着河流两岸开垦和耕种，土壤肥沃，河流就是天然的灌溉水源。大月氏，就在阿姆河北岸活动，在南岸，则是著名的大夏。

公元前128年，张骞和随从终于抵达了大月氏。他递上国书，准备面见大月氏王。但是，令张骞诧异的是，大月氏王并没有像大宛国王和康居王那样对东方的大汉王朝充满期待，而是静静地将国书放在一边，听张骞陈述如何联合开展军事行动，由大月氏负责断掉匈奴右臂，汉朝负责断匈奴左臂和主力。张骞满怀激动和喜悦的心情，随着大月氏王的反应，逐渐冷淡下来。他猜测大月氏王一定是有了其他的想法，于是直接询问大月氏王是否有什么顾虑。

大月氏王也没有隐瞒，他面露难色，对张骞讲述了大月氏被匈奴和乌孙一路追击，被迫西迁，族人历经千辛万苦，才能保存实力移居到此地。来到阿姆河流域后，这里土地肥美，没有战事，和平安宁。拥有百余万民众的大夏又直接向大月氏称臣，大月氏民众在这里安居乐业，生活舒适，已经不想再回到原来和匈奴及乌孙互相征战、不得安宁的日子了。

张骞心中非常失落和震惊，但是他转念一想，也能理解大月氏王的心思。大月氏在与匈奴和乌孙的争斗中，屡屡被欺负压迫，很多小部族都被灭族，在流浪了近五十年的时间后，好不容易找到了一处能安居乐业，又受尊敬的地方，岂会轻易离开？而且，大汉虽然热情相邀共同抗击匈奴，但是势必又是很多场血战，血战之后还有多少人能够安然享受之后的平静岁月，也不好预测。此情此景，张骞虽然心中苦闷，但是也无法强迫大月氏王。

大月氏王对张骞的到来也是一半震惊、一半感动。他一方面希望族人从此过上安宁的日子，另一方面也不愿意得罪汉朝使节，就下令给张骞和随从赠予大量衣物和食品，并且专门拨了房屋供他们居住，希望他们也在此安居乐业。

十年奔波，鬓发已苍苍，但辛苦血汗不能白费。于是，张骞答应在大月氏暂时住了下来，他在等待和寻求机遇。

阿姆河南岸的大夏，民众和城池都远远多于大月氏，但是却臣服于大月氏，张骞也觉得颇为好奇，就带着随从在阿姆河一带四处游荡，考察风土人情、观察河流城池分布、搜集各种地理信息。最初，大月氏王还派人跟着，后来发现张骞没有要离开的意思，有时候他和当地人聊天学习语言，一聊就是大半天，大月氏王觉得他一定也是喜欢上了这里安乐的生活，不想再回汉朝了，也就随便张骞出入了。

于是，张骞带着甘父和几个随从从南往西，四处寻找周边比较强大的部落和国族，看看有没有新的发现和机会。很快，他们找到了安息。一行人途经数座小城，终于来到了安息的首府尼萨城。安息实行的是君主统治，贵族拥有大批的奴仆和金银财宝，各地根据情况设置了郡、府、县，这与中原王朝多少有些相似之处。令张骞吃惊的是，这座尼萨城四周城墙非常宽厚，足足有十米。城内建筑则分为南北两部分，北部是王室宝库的所在地，南部则是宫殿和庙宇。他们一行人在城里逡巡，发现宝库区有一座方殿，庙宇区则有一座圆殿。

安息国王梅赫尔达德一世是安息的一代雄主，他东征西战、驰骋沙场，把安息的国土逐步扩大到整个伊朗高原和两河流域，并且攻克了希腊统治者的首都。对于遥远东方的大汉王朝，他也颇为好奇，因此专门派人把张骞一行邀请进入王宫，到王室宝库参观。张骞细细观察这座宝库，四周有雕刻华美的柱廊环绕，长宽各有二十米，中间有四根十几米高的四棱砖柱支撑。柱子头部雕刻着各类兽头，上半部涂成红色、下半部涂成白色，在柱子中间还嵌有泥塑的人性雕塑彩像。这座既有希腊柱廊风格又融汇了安息本地特色柱子与装饰的建筑，令张骞久久观望不舍离去，他要牢记这里的一砖一石，待返回大汉之后详细汇报给汉武帝。

张骞看到安息强大的兵力，心中非常震撼。因为安息的民俗与大汉相似，他们定居并且耕种农作物，抵御自然灾害的能力也很强。如果能够和这样强大的国家结为盟友，那么对匈奴的东西夹击就不在话下。于是，他带着下属在安息住了一段时间，希望找到机会游说安息国王。无奈，安息国王又领兵出征了，张骞只好在街市上到处游走观望。

他在集市上看到一种神奇的水果，表皮发黄发硬，拨开外皮之后，里面是紧紧抱在一起的鲜红欲滴的果粒，每一粒都甜美甘爽，当地人唤作"石榴"。张骞命令随从把石榴的根种妥善保管，打算一起带回大汉，看看这样甜美的水果能否在中原大地扎根，让汉朝人民也可以品尝到这西域的神奇美食。

筚路蓝缕，以启山林。张骞不知道，仅仅在九年之后，他再次出使西域，并在抵达乌孙后派副使沿着昔日的足迹，再次来到了安息。安息国王安排了宏大的迎接队伍——两万人直接到边界线迎接，浩大的阵势不仅体现了对汉朝使臣的尊重，也展示了安息的国力强盛。他们一路护送汉朝使团来到安息国王的面前，大汉使臣在安息国王的面前展示了来自东方的华丽光洁的丝绸，安息国王则以鸵鸟蛋和一个魔术表演团回赠汉武帝。这，标志着连接东方的中国和西方的罗马帝国的丝绸之路正式建立。

在安息徘徊逗留了半个月，张骞又返回了大月氏。随后，他又仔细勘探了阿姆河的情况，找准机会，带着手下到了大夏。张骞不肯轻易放弃，他还想看看大夏是否有合作的可能。大夏位于阿姆河南侧，人口众多，地大物博，有上百万民众。因为土地肥沃，主要以农耕为主，而且，大夏人很擅长做生意，蓝市城的集市热闹繁华，是周边贸易的集散地。大夏的东南方向，就是身毒国。

大夏有这里远近闻名的大贸易集市，东方的丝绸、瓷器、茶叶，西方的雕塑、香料，都在这里汇集和交易，街市上人来人往，一派繁荣景象。令张骞惊奇的是，他在大夏的首府蓝市城的集市上竟然发现了蜀国的邛竹杖和蜀布！

这一天，张骞和甘父在街市上牵着马边走边看，突然，一捆邛竹杖闯进了张骞的眼中。由于每天都在街市逛来逛去，张骞已经能够熟练地用当地语言和商贩交流。

"这竹杖是哪里的货物？价格怎么样？"张骞询问胡商打扮的卖主。

"您真有眼光！这可是稀罕物，来自遥远的东方邛山，这种竹子又叫'扶老竹'，生来高大结实，而且中间是实心，所以制成手杖，经久耐用，百年不坏啊！"胡商肆意地夸耀着这稀罕物，打算卖个好价钱。

"我听闻汉朝川西丹巴地区有大片竹林，这种竹子生长在悬崖边，很是稀罕。并且，那里还出产上好的云母。没想到你们竟然可以跨越匈奴的阻隔，从汉朝把这稀罕物运到此地！"张骞想试探一下胡商，看看他们的运输路线。

"汉匈边境战事不断，我们做生意的哪里敢往那边凑热闹，一不小心就掉脑袋了。"胡商连忙摇头，"我们这是绕道进来的货物，从蜀地贩到身毒国，然后运到此地。非常不容易，所以价格也不便宜。"

张骞按住心中的狂喜，又和他详聊了一些运送货物路线的细节，夸赞他做生意有头脑、不容易，买了好几根邛竹杖。胡商笑逐颜开，把自己知道的事情和盘托出，都告诉了张骞。

虽然心情激动兴奋，但是张骞表面上非常沉稳冷静，他带着甘父继续在集市上搜寻，想看看是否还有其他来自巴蜀一带的特产。果然不出所料，在另一条街市上，他们发现了来自西南夷哀牢国的布料。这种布料，非常有特色，也是那里最著名的手工特产：兰干细布和桐华布。传闻兰干细布可以织成文章如绫锦，桐华布则是用梧桐花的细毛编织而成的洁白不沾污垢的精品布料。如果不是临行前在未央宫见过此物，张骞都不敢相信这些在汉朝都算是珍贵物品的西南夷特产，竟然出现在万里之遥的大夏集市上。

他与卖布的商人攀谈，更加印证了原来的判

断。西域南北两道的东端都被匈奴把持和阻隔，商队不敢贸然穿越，不是被洗劫一空就是货毁人亡。于是，他们从大夏出发，向西南方向的身毒国探寻往东贸易的新路，身毒国虽然潮湿且暑热难耐，但总比走匈奴地带时刻有性命之虞好。根据胡商的介绍，那身毒国的人民喜欢骑大象，而且那里临近"大水"，也就是一望无际的海洋了。到了身毒，再从那里往东方采购各种的新奇物件，贩卖到大夏来交易。

张骞回到驻所后，脑海中渐渐架构起一条从大汉西南方向穿过西南夷的崇山峻岭通往身毒，再由身毒抵达大夏之路，他激动得夜不能寐，果然是天无绝人之路啊！没想到，竟然无意中探得了一条全新的道路。这条新路，虽然也会非常艰险，蜀中前往西南夷，一路上都是未知数，但是深山密林、鱼鸟虫蛇，总好过匈奴的铁骑大刀。如果这条路通了，那汉朝大军可以跨过匈奴把守的河西走廊以西的地区，直接从南方绕路抵达大夏、大月氏、大宛，对匈奴形成合围之势，彻底解决后患。西域的物产也可以源源不断地运送到中原，中原的丝绸和丰富物产也可以让西域人民大开眼界。

　　想到这里，张骞掐指一算，自己在大月氏、安息和大夏已经逗留了一年多，也该是启程东归的日子了。

葡萄美酒夜光杯，
天马苜蓿随君归

　　张骞和甘父遍寻最有名的蒲陶酒酿造作坊，品尝不同种类的蒲陶酿出的不同口感的佳酿，反复对比和挑选，精心包裹好根茎，为大汉天子带回最好的蒲陶，酿出震惊朝野的美酒。他们经常都是日出而作、日落未归。除了蒲陶美酒，他们和商人农户熟识之后，渐渐了解到他们栽种的除了有蒲陶藤，还有一种更加难得的、像人的手臂一样粗壮的酒杯藤。这种酒杯藤，开着可爱鲜亮的花朵，结出的果实香甜美味，不仅可以酿酒，还可以解酒。当地人视如瑰宝，不肯轻易示人，更不肯外传。张骞和甘父互相交换了一下眼神，彼此心领神会，他们重金向这户人家求购，换到了罕见的酒杯藤根种。

每当夕阳西下，张骞和甘父在蒲陶酿造的微醺中，牵马踱步而归，他在想：如果不是肩负重托，如果不是期待边疆安宁再无战乱，如果妻儿亲人都在身边，真希望能够伴着这蒲陶美酒、无边风月，醉饮江湖，安度此生。

归程的日子一天天临近了，张骞在王城和集市中忙碌地穿梭，把一切容易携带的物品都仔细打包，力求把不同的物种都带一些回去，以便逐个尝试一下它们是否适应中原的水土。对于西域各地的骏马，张骞投注了大量的时间和精力，详细观察他们的生长、喂养和训练，经过日复一日的了解和查探，发现这里的马普遍爱吃一种独特的草料——苜蓿。

这是一种在草原和戈壁都可以生长的植物，漫山遍野，几乎不用刻意栽培和种植。而且，这里的骏马都非常爱吃苜蓿，因为它营养非常丰富。据当地人讲，他们还特意把苜蓿种到宅院附近，因为苜蓿可以改善土壤质量，种过苜蓿之后再种其他植物，土壤也非常肥沃。最重要的是，苜蓿非常耐旱，遇到缺水的季节，其他植物都干枯了，苜蓿也能照样生长得枝繁叶茂。张骞安排甘父精心挑选了大量的苜蓿种子，他心里明白，只有马儿吃得饱、吃得好，军队才有战斗力。

元朔元年（前128），这是汉武帝登基以来使用的第三个年号，这个年号一共使用了五年，因为这一年的朔旦与冬至是同一天，而且是同一时刻，汉武帝为了纪念这一祥瑞，改元为元朔。

但是，这一年汉朝和匈奴的边境冲突不仅没有缓和的迹象，还愈演愈烈。先是有两万多匈奴骑兵骚扰边境，攻打了辽西郡，杀死了汉朝太守，掳走了两千多士兵和百姓。汉武帝闻之大怒，命令卫青率领三万骑兵从雁门郡出发，并派李息从代郡出发，要给匈奴一个教训。卫青不负众望，直接斩杀掳获了匈奴几千人。第二年，卫青再次出兵，收复河套地区。

东方战事正紧，张骞在西域地区的繁忙、艰辛和紧张也丝毫不减。他在月氏、康居、安息、大夏之间反复奔走游说，穿过茫茫草原、皑皑雪山、座座城池，对这一大片辽阔的土地有了全新的认识和全面的了解。

虽然未能和月氏达成东西联合夹击匈奴的约定，但是，他已经探听到了另一条可能的路径。于是，他决定东归故土，回到阔别十余年的家乡。收拾好行囊之后，他和甘父与使团旧部约定出发日期，除了一位在当地娶妻不愿东归的下属，其他部下都愿意誓死追随、同归故国。张骞与那位下属彻夜长谈，他想起了羁留在匈奴的妻子和孩子，不知道他们是否一切安好？也不忍心责怪这位下属不肯一起东归。而下属却直言不讳告诉张骞：

"张使节，我不是不愿意追随您回归故土，而是我的月氏妻子已经身怀六甲，她坚持要跟着我，我不能置她和孩子于险境！您放心，我们一家人在这里等待着您，我相信您一定会再来的！如果您不来，我们也会带着孩子回到大汉。"

"好兄弟！你照顾好妻子，这里的风土民情你很熟悉，相信不会有太大困难和危险。我们回家的路途九死一生，还不知道会有什么挑战。如果能够顺利返回大汉，我一定奏明天子，他日定会迎接你们安全返回故土。"张骞听了下属的肺腑之言后，也非常感动。

如何返回大汉？这一路上必定艰难险阻，困难重重。从胡商那里探听到的绕道身毒和蜀地的路线虽然非常有吸引力，但是路途遥远，而且没有汉朝的兵力和粮草物资保障，不可能依靠区区几人之力探出一条新路。那么，就只能从西域返回，如果走北道，势必要和匈奴主力正面遭遇；如果从昆仑山北麓返回，经过于阗，绕道青海羌中返回汉朝，这样就可以最大可能地避开匈奴主力的驻兵地区。

张骞经过详细的筹谋和策划，与甘父反复推演返程路线的种种可能性，最终他们启程了。一开始，行进得非常顺利，虽然大月氏国王为了避嫌，并没有安排人手护送，但是却准备了十几匹骏马，还下令在大月氏势力范围之内的臣民和驿站都要对张骞一行以礼相待。由于备齐了马匹粮草和必需物资，张骞一行从昆仑山北麓一路向东，非常顺畅。很快，他们就抵达了祁连山南侧，打算按照计划从羌中行进。

羌族，也是一个有着悠久历史的民族，炎帝就属于古羌部落。他们以牧羊著称于世，自称"尔玛"或"尔咩"，大多聚居于高山或半山地带，所以被称为"云朵上的民族"。传说在炎帝和黄帝大战之时，出身于古羌部落的炎帝和黄帝部落在阪泉之野决战，炎帝战败之后，率领古羌部落大部分人融入了黄帝部落，这就是华夏民族最初的雏形。在东周时期，西北的羌人在和秦国的争斗中，被迫继续西迁到甘肃、青海、四川、贵州一带。《诗经·商颂》有"昔有成汤，自彼氐羌，莫敢不来享，莫敢不来王……"的描述。

春秋战国时期，羌人建立了义渠国，与秦国先后进行了一百多年的战争，并且与中原各国也有联合，这部分羌人逐渐融入中原。而甘肃和青海黄河上游、湟水流域的羌人保持了原始习俗，还处于"少五谷，多禽畜，以射猎为事"的状态。张骞的东归，决定取道羌中，赌的就是羌人与匈奴并没有隶属关系，他们不会被困住或被擒拿并交给匈奴。

但是，当张骞踏上祁连山南麓的时候，他不知道的是，由于羌人的部分活动区域与匈奴重合，匈奴已经暗暗派人潜入羌中，不少地区已经受制于匈奴了。

张骞和甘父带着随从，一路沿着祁连山向东，这里的天气与大汉和西域都不相同，盛夏之际，也丝毫不觉炎热酷暑，祁连山的顶峰积雪不断，渗透着阵阵寒意；严冬之际，就更是千山无声，万径覆盖着皑皑白雪，寸步难行。

西域的好马，追风逐影，很快他们就抵达了羌中聚集区。张骞细心留意羌人的住所和附近的山坡，发现他们可能是用于祭祀的圆坛一带，往往摆放着五块白色石头。甘父说那是石英石，羌人信奉万物有灵，相信石英石可以通灵，而五块石头代表着五位神灵。羌人供奉的是天神、地神、山神、山神娘娘和树神，可见是多神崇拜。

趁着给马匹饮水吃草、中途休息的间隙，张骞到附近的一处祭坛细细观察。正中间的白色石英石最大，应该是代表着天神，因为天神地位最高，主宰万物，福佑人畜。周边摆放得一点也不杂乱，特别是靠近祭祀生火的小圆坛中心，摆放了一个三足的架子，其中一只足上系了一个小铁环，根据甘父的推测，这个应该是代表火神。忽然，张骞的视线停在了远处一堆插着的柳枝上，他陷入了沉思。当年，他从大汉出发，进入河西走廊的时候，被休屠王劫持，带往军臣单于的王庭。一路上他们曾经见过匈奴祭祀金人和蹛林大会的盛况，他清晰地记得，当时看见一队队匈奴贵族带领着骑兵，绕着一堆插在中间的柳树枝策马奔驰。想到这里，他突然有一种不祥的预感：莫非这里已经被匈奴掌控了？张骞惊了一身冷汗，立刻命令队伍集结，迅速出发。大伙儿一看张骞面色凝重，知道事态紧急，立刻收拾好物品牵起马匹，启程继续行进。

鹰击长空，骏马奔驰。不一会儿，队伍来到一处小山坳，张骞和甘父骑马走在队伍最前列。忽然听得马一声嘶叫，扬蹄欲跳，张骞连忙收紧缰绳，牢牢控制住烈马，定睛一看，地面上竟然铺满了荆棘。

"大伙小心，前方有埋伏！"张骞立刻下令队伍戒备。"调转队伍，往回走。"

张骞话音未落，一阵疾风暴雨似的箭头就朝着队伍射了过来，转瞬间，就有五六个随从应声坠马倒地。不出张骞的意料，来的正是匈奴斥候！

"张使节，别来无恙啊！我等已经在此等候多时，还以为使节不会东归了！单于料事如神啊，非要我等在此驻兵，务必等候和迎接使节。"带头的斥候一脸的洋洋得意。

张骞心中暗暗遗憾和感慨，没想到又落到了军臣单于这个老狐狸的计谋中，看来这次凶多吉少了。他更加担心的是，如果羌中都已经被匈奴掌控，那么大汉向西寻找合作伙伴的任务将更加艰巨，开通汉朝和西域各地沟通交流的道路更加遥遥无期！

斥候一行把张骞、甘父和剩余的随行人员一并押解，再次送到了单于的王庭。张骞心中百感交集，离开匈奴的这段时间，他的所见所闻可谓是耳目一新、无比震撼。他对于大汉和西域的交通有了全面深入的了解和实地踏勘经验，并且熟悉了西域各地的风土人情、物产民俗、交通道路、军力部署。他急切东归，想尽快把所见所闻上报给汉武帝，这些信息必将对大汉的战略部署和出兵方向有着至关重要的作用。但现在又不幸被俘，这一次是真正的生死难料、前途未卜了。而前往龙城，最大的安慰是可以回到"家"，看看妻子和孩子是否一切安好。当年自己一走了之，匈奴人是否为难了他

张骞在回程途中再次被匈奴捕获。

们？一路上，张骞心中焦虑、茶饭不思，而斥候也没有刻意刁难他，该停车休息和补充给养时，让人也给张骞和其他被俘的人都准备一份。就这样，怀着忐忑不安和满腹忧虑，张骞被押送到了龙城，再次面见军臣单于。

军臣单于还是高高地坐在大殿中间，眼神中满是不屑和愤怒，冲着张骞一阵冷嘲热讽："张使节一路奔波辛苦啊！与月氏会面商谈得如何？我看你这队伍中还都是原班人马，哦，不，只剩这几个人了。看来月氏不像我们这么热情好客，没有好好招待张使节啊。"

张骞想着此时不能硬碰硬，妻儿还在单于手中，生死未卜。自己也要保住这条命，尽快将重要信息传回大汉。他压住怒火，不卑不亢地回答："感谢单于的热情接待，我等一行颇为顺利，听到和见到了许多以前闻所未闻之物。"

"那你潜逃一事，该如何处置啊？"单于横眉怒对。

"回禀单于，我等受您的邀请，和妻儿在龙城居住得非常愉快。时间久了，外出打猎和散散心，何谈潜逃一说？"张骞依旧是心平气和。

"好，很好，既然你在龙城很愉快，那你来当我的谋士，这次总可以了吧？"单于顺着话题就把张骞推到了抉择的关头。

"多谢单于美意！我离家时日颇多，心中惦记妻儿，想先回家看看。再说，我流浪在外良久，长期不在军中，已经不熟悉军政要务，胡乱言语必将有碍单于大业。"张骞的回答，令单于一时间接不上话。

军臣单于一看张骞软硬不吃，也不好立刻发火，就让张骞回家待命。并且把他的手下全部分派到更远的地方，以免他们之间再有私下接触。甘父由于出身匈奴，又能够流利翻译和沟通，被留在了龙城。

劫后余生、满身褴褛的张骞回到了家中，他看见两个孩子都已经长高了许多，妻子还是那么勤劳能干，把家里收拾得桌明几净。军臣单于虽然听说张骞亡走，暴怒异常，命令骑兵连夜追捕，但是却没有伤害他的妻儿。一家人本以为再无相见之日，如今劫后重逢，相顾无言，只有抱头痛哭。

元朔三年（前126）初，在位三十六年的军臣单于去世了。此前，汉匈边界的摩擦和冲突愈演愈烈，而汉朝年轻的军事将领卫青、霍去病等频频在战事上取得大捷，加上匈奴内部各种势力的你争我夺，军臣单于常常感觉到疲惫不堪。特别他的弟弟——匈奴左谷蠡王伊稚斜与太子於单之间的明争暗斗，他虽洞若观火，但头疼不已。一方面，他尽力扶植太子扩大势力范围，以期有朝一日可以和弟弟左谷蠡王相抗衡。另一方面，他又得安抚好弟弟，维持住匈奴各方势力的平衡和防备其他势力的虎视眈眈。终于，在军臣单于去世之后，还是爆发了左谷蠡王伊稚斜与太子於单争夺统治权的斗争。

左谷蠡王伊稚斜拥兵自大，直接自立为单于。而太子於单曾经跟随张骞熟悉和了解汉朝文化，认为自己是军臣单于亲自选立的太子，就应该是匈奴铁定的接班人，是匈奴最高首领单于。他岂肯屈居人下，面对伊稚斜的攻伐，自己带兵力奋起抵抗。但是双方实力相差悬殊，左谷蠡王伊稚斜控制着匈奴大部分兵马，双方僵持到四月，太子於单一怒之下，干脆率领部族投奔了汉朝。汉武帝闻讯，非常高兴，封於单为陟安侯。

而张骞和甘父，也借着这次匈奴内乱之机，再次连夜逃出匈奴，直奔大汉而归。这一次，张骞没有再次冒险与妻儿分离，而是带着他们同行。因为此行的目的不是遥不可知的西域，而是故土长安。由于匈奴内乱，一路上警戒都比较松弛。这次，张骞没有绕弯路，而是直接取道河西走廊南侧，他和甘父对这一带匈奴的兵力部署都非常熟悉，他们昼伏夜出，直奔渭水平原，回到了长安。

十三年，从青年到中年，思乡之情，加上多年风霜雨雪，张骞的两鬓已经斑白；未央宫、长乐宫，那是大汉王朝长乐未央的梦想。开通西域之路，边疆永远安宁的愿望，都在此刻化为无声的泪水。他长久地跪拜在宫门外，迟迟没有抬头。汉武帝也非常动情，当年意气风发的少年帝王，却处处掣肘于各方势力，无法施展抱负。这些年的明枪暗箭，多少历练，如今，他已经牢牢地把握着大汉帝国的最高统治权，是一呼百应、叱咤风云的真正天子了！君臣两人的手紧紧握在一起，一个有太多的话要说，一个有太多的事情要问。

是夜，未央宫彻夜灯火通明，汉武帝为张骞举办了盛大的接风晚宴，君臣彻夜相谈，欢饮达旦。张骞把一路上的所见所闻，十三年的生死奔波，奇特的异域风情和大宛的汗血宝马，中原闻所未闻的奇异动植物，各个区域的生活特点、兵力部署、民族习性……恨不得一股脑向汉武帝阐明。汉武帝也兴致盎然，不停地追问。

第二天，诏令颁布天下，册封张骞为太中大夫，甘父为奉使君。张骞和甘父再次入宫谢恩，又逐一看望了长安城内的故旧亲朋。

此时，还有一个人焦急地等待要见张骞。十三年前，张骞持节出使的时候，负责外围巡逻、保障安全的卫青，如今已经是战功赫赫的将军了。而张骞，也有许多话要对卫青将军说。

汉武帝专门传召张骞，并令将军卫青一同觐见，共商大计。张骞详细向汉武帝汇报了这十三年的坎坷经历，特别是他对匈奴兵力部署、主要将领、龙城防卫的观察，以及西域广大地区不同部落、民族的风俗民情、特产等等，这些，卫青都牢牢记在了心里。汉武帝更是兴致盎然，听张骞说大宛盛产宝马，特别是听到汗血宝马时，他激动得拍案而起，连说三声："好，好，好！待我们平定匈奴，联通东西之路，一定要让汗血宝马来到汉朝的土地上，我亲自看一看！"

张骞将他们从大宛、大夏和康居等地获得的石榴、蒲陶、苜蓿、油麻等植物的根茎或种子展示给汉武帝，详细描述他们长大之后的形状和特点，汉武帝更是瞪大了双眼，恨不得立刻就见到它们落地生根、开花结果。所幸这一路上虽然奔波劳苦，但是这些根茎和种子还在，而且勤劳的匈奴妻子已经将它们在草原上进行了尝试性种植，完全可以成活，但为了保密，不引人注意，张骞和妻子悄悄把新发芽的根茎留下，其他的都妥当处置了。

汉武帝非常欣喜，下令直接把宫殿旁边的扶荔宫开辟出来，专门种植张骞从西域带回的各类种子和根茎，并安排专人精心浇灌照料。

"太中大夫，你熟悉匈奴和西域各地特色，由你来掌议论，非常合适。"汉武帝如今已到而立之年，坚毅的眉宇之间透露出一代帝王的豪迈，"你可与卫青详细谋划大汉与西域联通的路线，沿途所有的重要节点，你们随时报给我知晓。"

张骞和卫青也都非常兴奋和激动，如今，万里之外的情况已经了如指掌，边境最大的劲敌——匈奴也遭遇了内乱。此时，属于大汉王朝的机遇就要到来了！

子欲养而亲不待。离别故土十三年的张骞，历经千辛万苦回到了日思夜想的故国，但是，他却等来了父亲病故的消息。刚刚上任的太中大夫，顾不上荣华富贵和豪情壮志，他立刻向汉武帝辞行，回归故乡守丧。从长安到汉中郡城固县，路程非常顺利。汉中位于汉江平原腹地，气候适宜，土壤肥沃，物产丰富。而且，汉水临城而过，带来了便利的水上交通。

张骞回到久别的家中，年迈的母亲几乎认不出张骞了。他携带着匈奴妻子和两个儿子，跪在老母亲面前，久久不肯起来。张骞和妻儿的回归，使得家里一下子恢复了生机。他拿出汉武帝赏赐的多余的苜蓿种子，以及一点点蒲陶籽和石榴籽，洒在屋前屋后的土里。他期盼着，不久之后，这里就是绿藤满屋绕、榴花红似火的美丽景色。

家国万里何处计，
无问西东各举杯

张骞居家守丧的这三年，边境依然不得安宁。

元朔四年（前125）夏天，匈奴分别派了三万骑兵，侵扰代郡、定襄、上郡，劫掠数千人而还。

这一年，远在西域的月氏也越过了阿姆河，征服了大夏，并将大夏部族一分为五，迁徙到了东部山区，设立了五部翕侯统治。各翕侯基本上来自原来的大夏贵族，贵霜就是其中一部。正是这个贵霜，日后再次统一了五个部落，建立了贵霜帝国，并且打败安息，征战南北，极大扩展了统治疆域，他的后人还南征印度，使贵霜帝国成为名震一时的欧亚四大强国之一，与汉朝、罗马、安息并称。

元朔五年（前124）。这一年的春天，大旱来袭。

张骞经历了三年守父丧的日子，刚刚回到长安城向汉武帝述职，就遇到边境传来告急的战报。因为匈奴遇上天灾，衣食没有着落，就在边境滋扰生事，眼看战事又起。

匈奴右贤王首先发难，他带着人马偷袭了代郡、雁门、定襄、上郡等地，汉武帝得到战报后，先后派出了十几万大军迎敌，这就是汉匈战争中著名的漠南之战。以往，汉武帝不敢贸然派重兵出击，主要是因为对于匈奴的底细一直不太清楚。如今，有了张骞详细的情报和对匈奴兵力分布特点的掌握，他和卫青都觉得胜券在握。

于是，汉武帝先是命令车骑将军卫青率领三万骑兵从朔方郡北部的高阙出发迎敌，并派张骞以校尉身份领兵五百人与卫青同行。随后又令卫尉苏建担任游击将军，左内史李沮担任强弩将军，太仆公孙贺担任骑将军，代国之相李蔡担任轻车将军，统一隶属车骑将军卫青总辖，一同从朔方发兵。与之同时，为了确保对匈奴形成合围之势，汉武帝又命令大行李息、岸头侯张次公为将军，从右北平出兵。如此一来，浩浩荡荡十几万汉朝兵将直奔匈奴老巢而去。

当时，匈奴右贤王出兵之后，打算正面迎击卫青率领的三万汉朝军队主力。他认为以当时两军的距离，卫青还在奔赴前方的路上，两三天之后有可能形成对峙局面。而且，前线传来的情报都显示汉朝军队在陆续集结，短时间内不可能随便深入腹地。于是，到了夜晚照常饮酒作乐。结果，卫青和张骞深入分析了匈奴右贤王的性格特点和用兵习惯，由卫青直接率领一支骑兵，连夜奔袭六百余里，直抵右贤王大营。

汉朝军队连夜奇袭，并且迅速形成了包围圈，正在饮酒的右贤王大吃一惊，还没反应过来，就被下属护着连夜逃走。匆忙之中，只有他的一个爱妾和几百个精壮的骑兵紧紧跟随他突围，其他的王室、将领和士兵全部被汉朝军队俘虏或消灭。汉朝的轻骑校尉郭成带人追赶了几百里，无奈大漠之上月黑风高，右贤王得以侥幸逃脱。经此一役，汉军捕获了右贤王的小王和其他王公贵族十多人，男女民众一万五千余人，牲畜无数，卫青率领汉朝众将士凯旋。

在归途中，汉武帝派遣的使者已经带着大将军的官印前来边境迎接，卫青直接被赐封为大将军，这是汉朝给予武将的最高官衔。

汉武帝亲自到长安城门迎接卫青还朝，并且加封六千户，至此，卫青已经是名副其实的万户侯。武帝意犹未尽，又将卫青的三个儿子逐一封侯：卫伉为宜春侯、卫不疑为阴安侯、卫登为发干侯。卫青坚决请辞不肯接受，认为儿子们年幼并无军功，所有的成绩都是将士们辛苦换来的，功劳应该归于军中将士们。汉武帝听了非常高兴，告诉卫青不必担心，此次出征的诸位将军和立下战功的士兵都会重重有赏。随后，汉武帝又逐一赏赐和奖励了各位将军和奋勇杀敌、表现突出的士兵。

汉朝军队在漠南之战取得的胜利，让匈奴的伊稚斜单于恼羞成怒，特别是从侥幸逃脱回来的将士口中得知汉朝军队中有两位故人——正是从龙城逃出的张骞和甘父！他闻听之后，更加暴跳如雷，只恨当时忙于单于之位的争夺，没顾上派人盯紧了张骞。让一个在匈奴住了十年的人逃回汉朝，许多重要信息都会被他泄露给汉军。想到这里，伊稚斜单于更加怒火冲天！他满心都是对大哥军臣单于的抱怨，觉得大哥妇人之仁，先是与汉朝和亲、不肯大规模入侵汉朝边境，后来又不肯直接斩杀汉朝来使张骞，结果坏了大事。

想到这里，伊稚斜单于岂肯善罢甘休，他趁着秋高草密、马肥兵强，派了一万多名骑兵偷袭了代郡，并且杀害了汉朝代郡都尉朱英，还掳获了一千多人。消息传到长安，士兵们沸腾了，大家刚刚获胜归来不久，士气正旺盛，岂能忍受这等奇耻大辱！

于是，第二年春天，也就是元朔六年（前123）春二月，汉武帝派大将军卫青率领六名将军及十余万骑兵从马邑北部三百余里的定襄郡的成乐出发攻击匈奴，此役斩杀匈奴三千多人。大军随后班师回朝，十余万骑兵在定襄郡、云中郡和雁门郡一带休整。汉武帝颁令大赦天下。

两个月后，大将军卫青再次率六名将军及大批士兵到达匈奴南界沙漠，大获全胜，斩杀了匈奴两万余人。这一次，一位将帅新星冉冉升起，十八岁的霍去病被封为"剽姚校尉"，他率领八百骑兵直接斩杀匈奴两千多人，并且杀了匈奴的籍若侯，活捉了单于的叔父罗姑比及匈奴相国、当户等高官。汉武帝大喜过望，封功冠全军的霍去病为冠军侯，食邑两千五百户。这次，张骞也因为随大将军卫青出征有功，升为卫尉，被封为博望侯。

兵家胜败事不期。此次出征，虽然大获全胜，但是也有不尽如人意之处。大将军卫青率领的主力部队几乎没有遇到太多抵抗，而前将军赵信和右将军苏建率领的三千骑兵则直接遭遇了匈奴主力。赵信兵败被俘，他本来就是胡人，又被单于诱降，封为翕侯；而苏建的部队战败溃散，他孤身一人逃回汉营。卫青不忍心处罚他，只令严加看守带回京师交由皇帝定夺。此行由于丢了两名将军麾下的军力，翕侯降敌，汉武帝就没有再加封大将军卫青，只是赏赐千金。皇帝也赦免了右将军苏建的死罪，特别是看在他曾经多次跟随大将军卫青出击匈奴，在元朔二年就因为军功被封为平陵侯，后来又以将军身份负责建造朔方城的功劳，允许他的家人出了大量钱财将其赎为平民。

匈奴伊稚斜单于则接受了投降的翕侯赵信的建议，藏在大漠深处，轻易不出来活动，令汉朝将士无法将其一举歼灭。

对匈奴的战争取得了一系列胜利，汉朝也付出了极大的代价。每次出兵，十几万大军的粮草辎重和饮食衣物、住宿保障，都是巨大的开销；而得胜归来的将士获得的赏赐、俘虏的优待与士兵的赡养也是一笔惊人的开销。如此一来，国库渐渐亏空，有司推出了鬻爵法，军功和爵位都可以买卖，朝廷看似增加了收入，但官职冗乱，带来了更大的恶果。

元朔六年十月，汉武帝在一次城郊狩猎时，意外捕获一只"一角而足有五蹄"的怪兽，有司认为这是传说中的"麒麟"，是非常吉祥的预兆。于是，汉武帝决定改年号为"元狩"，也开启了汉朝主动进攻匈奴的河西之战。

元狩二年（前121）春天，汉武帝命令年轻的霍去病担任主将，升任骠骑将军，统帅兵马前往河西走廊，沿着张骞出使西域的路线，击破匈奴的休屠王，把匈奴视若神明的祭天金人全部掳获。这次由于直抵匈奴核心地带，斩杀匈奴一万八千多人。到了夏天，骠骑将军霍去病再次领兵数万人从陇西出关，深入两千里直击匈奴主力，将居延关、祁连山一带的匈奴主要势力一扫而空，斩杀三万余人，还掳获了七十余位匈奴主要将领及贵族。

河西走廊的清肃，使得汉朝大军立威祁连山。但是，匈奴并不甘心将大片土地拱手相送，他们也在酝酿着新的反攻。五月，匈奴发兵四万，占领了居延泽（今内蒙古额济纳旗北部）。这一次，霍去病和公孙敖领着几万骑兵从北地出发，向西进击匈奴；而张骞以卫尉一职，与李广一起领兵向右北平进发。李广率领四千骑兵先行，但张骞带领的主力部队却未能按照约定时间抵达。结果，李广和四千骑兵北进几百里后，被左贤王的四万骑兵包围，李广和儿子李敢沉着应战，摆兵布阵，浴血奋战两天，死伤过半。张骞和主力部队终于赶到，救下了剩余的人马。

这一年在河西地区发生了多场大战，汉朝取得了一系列胜利，特别是休屠王老巢被端，祭天金人被霍去病将军运回汉朝，从心理上给予匈奴以沉重打击，而浑邪王直接率领部下四万余人投降了汉朝。于是，汉武帝设立了酒泉郡，管理河西走廊。张骞当年出使西域，刚刚进入河西走廊就被休屠王所擒的屈辱也一扫而空。如今，河西走廊已经在汉朝军队掌控之下。

汉朝在战场上取得了新的胜利，但是，张骞却由于迟到而延误了战机，使得李广率领的骑兵先行部队死伤过半，依照汉朝严格的军律应当处斩。张骞的家人按照规定，出了巨额的赎金，将张骞赎为平民。这时，距离张骞从西域返回刚刚五年。

元狩四年（前119），经过短暂的休养生息，汉武帝命令大将军卫青、骠骑将军霍去病各自率领五万骑兵再次出击匈奴。几十万步兵和负责运送粮草辎重的人紧随大军之后，浩浩荡荡地向大漠深处进发。这一仗，将是汉匈之间的大决战！

骠骑将军霍去病率领的是最精锐的骑兵，兵强马壮，物资补给都是最好的待遇，所以战斗力也最为强悍。最初，霍去病打算从定襄郡出发，直击伊稚斜单于，消灭匈奴的核心主力和有生力量。但是，有一支分队抓住了一个匈奴俘虏，招供说单于不在王庭，而是在东线准备进攻汉朝边境。于是，霍去病就率兵前往代郡，打算从那里直抵匈奴左路，寻找单于最精锐的部队决战，并直接擒拿匈奴单于。大将军卫青则从定襄郡出兵，消灭匈奴其他有生力量。

战场形势变幻莫测。俘虏的消息并不准确，卫青率领着部队越过大漠，五万人马准备寻找匈奴的普通兵力作战。此时，他统率着其他四位将军分别是：郎中令李广担任前将军，太仆公孙贺担任左将军，主爵都尉赵食其担任右将军，平阳侯曹襄担任后将军。谁知，他们大部队进入大漠深处一千多里，眼看日落西山，刚准备安营扎寨，竟然就与匈奴最精锐的主力部队狭路相逢，而且正是伊稚斜单于亲自坐镇指挥！

卫青身经百战，沉着冷静地下令摆兵布阵，并使出撒手锏"武刚车"。卫青命令把武钢车排列成环形，形成严阵以待的攻势；又下令五千骑兵迎战匈奴。匈奴也派出一万骑兵出战，霎时间，天昏地暗，飞沙走石，面对面都很难看清面目，双方陷入一阵混战之中。卫青立即令左右两翼包抄单于，打算来一个瓮中捉鳖。

伊稚斜单于一看汉朝军队这架势，心中已经略有惶恐；而翕侯赵信看见大将军卫青亲自督战指挥，也乱了阵脚。俩人干脆趁着暮色，带着几百轻骑直接朝西北方向突围而去。匈奴群龙无首，更是乱作一团。但是天色渐渐黑了下来，卫青令人先去擒拿单于，得到回报说单于已经遁逃。他立即命人快马去追，无奈大漠深处四野茫茫，又让单于逃脱了。

战斗持续到半夜才渐渐安静下来，士兵清理战场，俘获和斩杀匈奴士兵一万九千多人。卫青亲自率兵追出两百多里，抵达窴颜山赵信城，缴获了大批匈奴的军粮。于是大军驻扎了一天，除了可以带走的，把剩余的粮草全部烧掉才班师回朝。

这一仗，对匈奴是重大的打击。伊稚斜单于一路狼狈逃回大漠深处，和部落失去联络，消失了十几天，以致右谷蠡王以为单于已死，自立为单于。等到伊稚斜单于和旧部会合，右谷蠡王才去掉单于的称号。从此以后，单于的王庭再也不敢留在漠南。

在卫青和单于决战之际，前将军李广和右将军赵食其却没有及时赶到，构成预想中的多重合围之势。卫青派人去询问，才得知他们从东道前进，迷失了道路。为了调查清楚具体情况，以便向汉武帝详细汇报军情，卫青派了长史前去审问李广行军延期的详细原因。李广认为这是主将对自己的不信任，是奇耻大辱，慨然拔剑自刎！一代飞将军黯然谢幕。

在卫青率领部下回到塞内之际，骠骑将军霍去病带领的五万精锐主力正在匈奴的东线四处寻找敌手，和左贤王的兵力对峙，总计获得匈奴俘虏共计七万零四百多人。霍去病的行军特点非常突出，他不带辎重，轻装前进，粮草给养都从匈奴手中获得，所以行军速度极快。他横穿大漠，俘获了章渠，诛杀比车耆王，转而进击左大将，越过离侯山，渡过弓闾水，俘获屯头王、韩王等三人，及将军、相国、当户、都尉等匈奴主要将领、贵族共八十三人，在狼居胥山封土祭天，在姑衍山祭地。汉武帝对霍去病大为赞赏，加封五千八百户给骠骑将军，并设立大司马，令大将军和骠骑将军都担任大司马。

但是，汉朝方面也付出了不小的代价，十四万马匹随军出塞征战，大军返回时只剩下不到三万匹了。这还只是战马的损失，不包括运送粮草和军事装备的巨大耗费。事已至此，国家财力上也日益困难，有时候对于士兵的赏赐都难以兑现。大汉王朝的强盛之下，掩藏着诸多危机。连年征战用兵，大量的战争消耗，巨额的赏赐和输出，导致国库连年亏空，入不敷出。繁华歌舞之下已经是千疮百孔，虽然汉武帝采取了一系列的措施，加强中央集权，增加国库财政收入，但是巨额的花费依然是一个无底洞。

这两年成为庶民、赋闲回到封地的张骞，看着那屋前屋后的蒲陶藤，上面挂着一串串青色的、紫色的晶莹剔透的葡萄，忍不住感慨万千。树犹如此，人何以堪！两个儿子转眼都长大了，正在拿着成筐的苜蓿喂马。张骞和妻子讨论着石榴籽，第一年还发了芽，后来遇上干旱和霜冻，结果没能活下来。张骞一边点头，一边想起汉武帝亲自在上林苑中开辟的种植西域珍奇物种的园子，那里的石榴花开得火红。看来还得精心栽培，或者还要寻找更加耐寒、抗旱的品种，张骞在心里盘桓着这种种想法。

而未央宫里的汉武帝，听着李延年奏起的乐曲，心思也在飘扬。这首曲子，是张骞和堂邑甘父从西域带回来的，总感觉还不够完整。但是那曲调、节奏、旋律，处处都透露出不一样的热情和魅力。这些天，他脑海里总在萦绕着这曲子，想着其他的乐章会是更加热烈奔放，还是沉静内敛？还有那天马的后代，汗血宝马，如果能够骑上它纵横奔驰，也不枉这一世豪情！渐渐地，他有了新的想法。

此刻远在中土的张骞正以平民身份和家中妻儿享受天伦之乐，他，还愿意再次出使吗？恰逢有西域归来的商人，献上了大夏的珍奇物件。汉武帝借这个机会，安排人给张骞传个口谕，问他大夏的情况，究竟属于哪个部族，有何习性特点。

为国莫问封侯事，
西南夷狄听君声

　　西南夷，这个名字是一个泛指。在云南、贵州、四川、甘肃南部居住着许多少数民族，由于位于中原王朝的西南部，他们往往被统称为"西南夷"。西南夷所居住的区域，往往是崎岖的山路、险峻的水路，还有崇山密林，交通非常不便，因此，中原王朝的物品很难大批量地运送过去，而西南夷的特产也很难迅速抵达中原。这些少数民族，生活习俗各不相同，有的类似于中原的农耕文明，有的则以狩猎和打鱼为生，还有的以放牧牛羊为主。

　　到了汉朝，为了联合夜郎攻打南越，大将唐蒙奉命在秦朝五尺道的基础上，修建了一条更加宽阔的官道。经过十几年的艰苦开凿，这条南夷道终于打通了，但是，继续前进仍然面临着自然环境暑湿难耐的挑战，还有西南夷时而归顺、时而造反的局面，汉武帝在派遣公孙弘实地考察之后，只得暂停了开发西夷的计划，设置了南夷、夜郎两县一都尉，草草收兵。

博望侯张骞的归来，注定了他与蜀地的不解之缘。于是，张骞上书汉武帝，将自己在大夏时曾经亲眼目睹邛杖和蜀布一事据实禀告。并且，他将自己经过深思熟虑推测出的路线，详细地进行了推演和解释。大夏的商人从东南方向几千里的身毒国购得了邛杖和蜀布，而身毒的商人又是从西南夷处采购到这些物品，可见，从蜀地出发，必然有一条商道可以运送货物穿过西南夷而抵达身毒。如果能够批量地运送货物，那么道路一定相对固定，可以行车或行船，那就可以行军。汉武帝一听，也是喜出望外。

汉朝对战匈奴，虽然有卫青、霍去病等一大批优秀将士，也有张骞熟悉对方兵力人员和一般情况下的行军路线特点，但是，一旦深入大漠，胜负还是未知之数。而且，大漠之中易于躲避，将战线拉得过长，巨大的粮草和兵力消耗，都会带来意想不到的战况。比如，即使形成了合围的局面，对敌军造成重创，依然难以避免左贤王与单于的遁逃。在大漠之中，想把匈奴彻底消灭，的确困难重重。

如果能够打通西南夷，从身毒国抵达月氏、大夏、康居、安息，与匈奴以西的力量联合起来，必然可以掐断匈奴的退路，彻底解除后患。由大汉前往西域的道路一旦打通，这也是一条商贸之路，源源不断的东方丝绸和西方珍奇宝物都可以往来自由，汗血宝马也可以沿着这条路顺利来到汉朝，这些交流必将带来全新的局面。

汉武帝非常赞同张骞的判断，他心心念念着汗血宝马，如果能够顺利抵达汉朝，也不枉耗费这曲折回环之力。于是，他当机立断，派熟悉巴蜀一带情况的司马相如为中郎将，担任使节，并安排王然于、柏始昌、吕越人等，分批前往西南夷地区，力图探出一条通往身毒国的道路。

他们抵达以后，发现西南夷的君长有十几个，每个所占的地方都不大，夜郎算是最大的。汉朝使臣抵达滇以后，滇王尝羌热情接待并留下他们，为他们派出十多批人继续往西寻找可以通往身毒的道路。过了一年多，被派出去寻路的人几乎都被昆明国所阻拦，没人能够顺利前往身毒国。但是，滇王的热情感动了汉使，汉使向武帝汇报的时候，夸大了滇国的力量和范围，认为滇王值得结交。

滇王和夜郎的统治者都向汉朝使臣问过一个问题："汉朝和我国相比，哪个大？"当然，这主要是因为道路不通，交流太少，以至于滇王和夜郎作为一州之主，不知道汉朝的广大辽阔，闹出了"夜郎自大"的笑话。

西南夷中探寻道路前往身毒的尝试，最终无功而返。西域之行，自然迫在眉睫。

被贬为平民的张骞接到汉武帝的口谕，泪水在眼中打转。两年了，皇帝没有忘记他！他九死一生从西域回来，跟随卫青大将军出征被封为博望侯，又被贬为平民。这大起大落之后，他虽然人在封地，但是依然心系西域。那西域的路途交通、高山大川、风土民情，无一不是夜夜入梦！特别是面对汉匈边境这几次大战的结果，他更加感到再赴西域之行的必要和紧迫。而汉武帝，也需要开辟一个新局，君臣之间再次不谋而合。

果然，不出旬月，汉武帝再次派人传召张骞赴长安议事，张骞将自己对西域的判断和如何夹击匈奴的构想——向武帝阐明。

多年在西域一带羁縻停留，他将匈奴、乌孙和大月氏之间的恩怨摸得非常清楚，乌孙人最初居住在河西走廊的祁连山和敦煌之间，他们的国王猎骄靡，号称昆弥。昆弥的父亲难兜靡，被大月氏杀害了。不仅如此，大月氏还夺取乌孙的马匹，占领他们的牧场，使得乌孙人被迫逃离故土、投奔匈奴。那个时候，昆弥还很年幼，襁褓之中的他被养父布就翎侯抱着，一路颠沛流离，才抵达匈奴。匈奴单于见了昆弥养父抱着的这个孩子，健壮有力、伶俐可爱，惹人喜欢，就答应抚养他成人。昆弥也不负众望，从小骑射打猎无一不精，匈奴还让他带兵打仗。而投降匈奴的乌孙人都很忠诚于他，跟随他一起出征。昆弥在战争中迅速成长起来，成为一个英勇善战、屡建奇功的青年将领。他的族人告诉他当年大月氏侵占乌孙，杀害了他的父亲，并在伊犁河流域建立了国家。昆弥听说之后悲愤不已，发誓一定要为父亲和死去的族人报仇，夺回属于他们的马匹和牧场。

昆弥得到匈奴单于的许可后，率领乌孙将士，前去进攻月氏。这一仗乌孙大获全胜，他们不仅击破了月氏国，还将其赶出了伊犁河流域，举族西迁。昆弥率领乌孙族人在故地重建了乌孙国，并举行典礼祭祀了当年不幸被月氏人杀害的父亲和族人。过了一段时间，军臣单于去世了，这时乌孙国力也日渐强盛，而且远离匈奴王庭，昆弥不想再受制于匈奴，于是拒绝朝见新继位的伊稚斜单于。伊稚斜单于很气愤，多次率兵征讨昆弥，但是也没有占到什么便宜。如今，河西走廊已经在大汉控制之下，乌孙旧地也归汉朝管控。乌孙人眷恋故土，喜爱大汉的丝绸和漆器，如果大汉赠以厚礼，邀请他们回到乌孙故地，与汉朝王室结为姻亲，乌孙肯定乐意归附大汉。西域其他部族看到乌孙的举动，也一定会纷纷效仿。如此一来，匈奴再无立足之地。

汉武帝听了张骞的分析，龙颜大悦。于是，元狩四年（前119），张骞再次被任命为正使，以中郎将的身份出使西域。这次张骞率领的使团队伍，比第一次出使时壮大了两倍多，有浩浩荡荡三百多人的随员队伍。而携带的物品，更是金银丝绸帛缎和数不清的珠宝珍玩，还有西域各地最喜欢的牛羊等上万头之多。这是一次宣扬国威的大型出使活动，这是一个展示汉朝巨大国力的使团！

此时的河西走廊，已经在汉朝掌控之中。匈奴则向西北方向退去，依靠着西域各地的残存势力，一边抢烧掠夺武力稍弱的部族，一边继续负隅顽抗。张骞清晰地明白，此行不仅要与和匈奴有矛盾的乌孙结成联盟，东西夹击匈奴；而且要与西域诸多部族联合，使他们成为汉朝的外臣，汉朝也会每年赐予他们珠宝财富。这样，彻底断了匈奴向西逃窜和反抗的念头。

这一次是真正的轻车熟路，张骞和甘父骑在高头大马上，轻松愉快地交谈着，心中却感慨万千，在二十年前、九年前和七年前，他们两人疲于奔命、狼狈不堪地在这道路上东躲西藏、来回奔波。如今，手执汉朝天子赐予的节杖，率领着浩浩荡荡的使团队伍，一路上有汉朝大军护送，意气风发岂能同日而语！

　　使团抵达乌孙后，受到了乌孙王昆弥的热情接待。张骞向昆弥发出了盛情邀约，"大汉已经控制了河西走廊，乌孙故地的匈奴也已经被清扫一空。如果乌孙王愿意重回故土，大汉愿意将公主许配给您，大汉和乌孙结为秦晋之好。以后，大汉保证兄弟之邦的乌孙子民安居乐业，再不受漂泊他乡之苦。"

　　此刻，昆弥在欢迎汉使张骞的盛大宴会上，虽然看起来喜气洋洋，但眉宇之间也隐隐透露出不安的神情。这一切，都被张骞敏锐地捕捉到了。他猜测，昆弥一定有着什么顾虑。待宴会结束后，张骞直接来到昆弥的大帐中，不出所料，昆弥讲述了自己年事已高、精力大不如前，而且白发人送黑发人，太子早亡。如今，幸亏长孙岑陬已经长大成人，打算把王位传给他，但是又担心部族里其他首领会不服。特别是自己的二儿子大禄，一直率领着他的部众独据一方，这是昆弥的一块心病。他担心自己一旦去世，儿子大禄随时可能攻击岑陬取而代之。为此，昆弥给岑陬选派了一万精锐兵力，让他独自带兵在外，以免被大禄攻击。

张骞立刻明白了，如今的乌孙实际上有三股势力：昆弥、大禄和岑陬。难怪在宴会上，面对张骞和大汉的盛情邀请，昆弥不敢直接答应。他现在已经不是当年那个叱咤风云、说一不二的乌孙王；而是一位年迈的祖父和兄长，面对弟弟和孙子即将开启的夺位之战，他焦虑不已。

于是，张骞派遣副使继续前往大宛、康居、大月氏、安息、身毒、于阗、扜弥等国展开外交活动，足迹遍及中亚、西南亚各地，最远的使者到达地中海沿岸的罗马帝国和北非。特别是安息王朝，正是梅赫尔达德二世统治时期（前123—前88），这个时期的安息，国力达到了历史上的最鼎盛阶段，民富国强。当安息国王梅赫尔达德二世听说汉使前来，派"二万骑迎于东界"，既显示了对汉使的隆重礼仪，又展现了安息王朝泱泱大国的风采与强盛。

停留在乌孙的张骞，还在为乌孙的局势而筹谋思虑。他带着随从，详细考察乌孙的风土人情，并从集市上采购了当地的各种特产。他们发现，当地有一种外壳极其坚硬的果子，比李子略大、比桃子略小，当地人也唤作"桃子"。但是此桃非彼桃，这和中原的软桃差别也太大了。而且，由于外皮不能吃，只有核可以吃，张骞他们就称之为"核桃"或"胡桃"。另外，当地还盛产的一种长条状的、色泽嫩绿、鲜翠欲滴的瓜果，吃起来脆甜爽口，长在藤架上，密密麻麻，非常多产。后来，这种从西域被带回的胡瓜被称作"黄瓜"。

此刻的张骞非常明白，强扭的瓜不甜，乌孙王的事情，不能操之过急，需缓缓图之。昆弥也表示，愿意派乌孙使者跟随张骞到汉朝去拜见大汉天子，并献上乌孙最好的骏马，表达自己的感谢。张骞明白，这是自幼身经百战、不轻易信人的昆弥想派人到大汉一探究竟，看看汉朝的实力是否足以对抗匈奴、护佑乌孙。于是，张骞率领使团，踏上了东归的道路。

凿空西域青史垂，
华夏文明人心绥

元鼎二年（前115），张骞率领着使团队伍从乌孙启程，返回大汉。这次返程车辆辎重和人马前后相望，再不是第一次出使西域时从匈奴狼狈潜回的样子。使团队伍中，不仅有汉朝的官员和将士，还有乌孙、康居、安息等其他国家的使团，他们要跟随博望侯张骞，亲自到遥远的东方看一看，目睹大汉王朝的风采。奉使君甘父也娶了一位志同道合的乌孙女子，打算一起回到长安城安稳度日。

乌孙的使者跟随张骞来到长安，一路上各种驿站通传和士兵轮值护送，已经让乌孙使者对汉朝的兵力之壮和疆域之大感到震撼；等使臣队伍接近长安时，沿途的彩色绸缎和摆件装饰的道路两侧繁荣

张骞带着乌孙使团来到大汉。

热闹，附近的百姓都身着华美的服饰，夹道欢迎。望着这前后绵延数十里、看不到头的人山人海，乌孙使者更觉无比惭愧，自己部族的人数何敢与大汉相比啊！乌孙王这次真的是孤陋寡闻了！等到了长安城，参拜了汉武帝，看见了未央宫和长乐宫，他才知道什么是大国气象。大汉的国土如此幅员辽阔，物产如此丰饶富足，人口众多、挥袖成云，深深震撼了乌孙王派来的使臣。使臣回国之后，如实向乌孙王讲述，乌孙王也深为触动，更加看重和信赖汉朝。一年后，张骞从乌孙派往各地的副使也都陆续回到中土，向汉武帝汇报见闻、献上瑰宝。从此以后，汉朝与西域的陆上交通正式开通，往返的使者更加密切，各部族与汉朝的友好往来关系也正式确立。

回到长安的张骞，再次与汉武帝彻夜长谈，分析乌孙的局势，探讨下一步的计划。设立酒泉郡，只是汉朝加强对河西走廊管理的开始。由于乌孙不想回到故地，汉朝只能加强这里的管理，随后，在元鼎二年，汉朝设立了武威郡，移民到这里继续开发。如此一来，阻隔开了北部的匈奴和南部的羌人之间的联系，便于分而治之。这样，张骞第一次返回汉朝时遭遇到的被匈奴和羌人联合抓获的局面再也不会重演了。

汉武帝时常在未央宫清凉殿召见张骞，这里夏天清凉无比，又以水晶为盘，盛放冰块置于膝前，凉爽宜人，号称延清室；冬天，则到旁边的温室中享受张骞从西域带回的氍毹毡毯，身披入水不湿的吉光裘保暖。不远处的奇华殿里陈列的是各国使者进献给大汉天子的珍贵礼品，上林苑的扶荔宫里则栽种着西域各地的奇花异草。特别是乌孙王进献的十几匹良马，汉武帝亲自赐名为"天马"。这一切，都令汉武帝欣喜不已。

他颁布诏令，封张骞为"大行"。大行，在汉代是专门掌管边疆事务和诸侯王国的重要官职，位列九卿。这个职务非常重要，不仅要具有真才实干，而且必须是皇帝的心腹股肱之臣。至此，张骞因为行军失误差点丢掉性命、被重金赎罪贬为庶人的命运，再次被改写。张骞，注定要与西域一起留在历史的图册之上。

在张骞第二次出使西域的这五年间，大汉也发生了许多大事。

元狩五年（前118），李广的三儿子李敢以校尉的身份跟随骠骑将军霍去病攻打匈奴左贤王，夺下帅旗和左贤王的战鼓，取得了赫赫战绩，被封为郎中令。但是，李敢仍然对于父亲的含冤而死耿耿于怀，心里怨怼大将军，愤而打伤了卫青。卫青不想追究这件事，便压下不提。但是，卫青的侄儿霍去病少年气盛，这时候又正值皇恩隆厚，咽不下这口气，竟然在一次跟随汉武帝在甘泉宫狩猎时，出手射死了李敢。汉武帝为了庇护霍去病，对外宣称李敢是因为撞上野鹿而亡。

元狩六年（前117），二十三岁的少年天才将领霍去病因病去世，汉武帝非常悲恸，下令那些从匈奴归降的附属国的士兵身着黑衣，从长安到茂陵列队守卫为霍去病送葬。并且，在茂陵园修建了巨大的陵墓，建造成祁连山的形状，用以表彰霍去病的功绩，定谥号为景桓侯。"布义行刚曰景，辟土服远曰桓"，这个谥号，同时包含了"武力"和"开拓疆土"两层含义。

十一年之后的元封五年（前106），卫青也与世长辞，谥号烈侯。两位充满传奇色彩的大汉战场天才先后落幕。

河西走廊的畅通无阻，为大汉加强和西域的联系奠定了基础。从此以后，这条路上不仅有汉朝将士纵马驰骋的身影，更有绵延不绝的是运输东方的丝绸、瓷器、茶叶，西方的珍宝、雕塑、香料，以及贩运各地奇异物产的一支支商队。

乌孙看到汉朝的强盛与对乌孙故地的治理，日益加重了仰慕和依赖之心，于是，昆弥在公元前105年正式派遣使节向汉朝求婚，为表诚意，还奉上一千匹良马作为聘礼。汉朝则派出了著名的细君公主下降给乌孙王，细君也成为第一位正式出塞的和亲公主。

元鼎六年（前111），汉朝继续加强对河西走廊的管理，设立了张掖郡；后元元年（前88），又设立了敦煌郡。这就是历史上赫赫有名的"河西四郡"。

大行张骞一生两次出使西域，第一次历时十三年，从公元前139年到公元前126年；第二次历时近五年，从公元前119年到公元前115年，终于打通了这条东西交通的大动脉！开启了东西方文明全面交流的新局面！如今，他已经两鬓斑白，汉武帝的赏赐和恩荣使他可以荣归故里，颐养天年。然后，他看到帝国内部暗流涌动、此起彼伏的斗争，不忍独自安逸，他还要为汉武帝再做一件大事。

自从汉景帝平定七国之乱后，诸侯王的权力大为收缩，行事也更加内敛。汉武帝在元朔二年（前127）采纳了主父偃的建议，在诸侯王死后，除嫡长子可以继承王位外，其他子弟也可以分割王国的一部分土地成为列侯，由郡守统一管辖，这就是著名的"推恩令"。"推恩令"的实行，既满足了诸侯王非嫡子的利益，广收人心，又在不知不觉中进一步削弱了藩王的权力。元鼎三年（前114），常山国宪王刘舜病故，嫡子刘勃承袭王位，但是却遭到长子刘棁的检举揭发，说刘勃既不为刘舜侍疾，又在服丧期间吃喝玩乐、招摇过市，条条犯的都是重罪。汉武帝派来参加刘舜丧礼的使者听刘棁这么一说，也是大吃一惊，赶紧回去向汉武帝复命。

汉武帝听了之后，沉思良久。弟弟刘舜是汉景帝的小儿子，自幼备受宠爱，年轻的时候就是吃喝嫖赌、私设廷狱，父亲都是睁一只眼闭一只眼，不加追究。当年，自己碍于太皇太后窦氏和皇太后王氏的面子，也对刘舜多少有些纵容。没想到，他这个儿子也如此不成器！按照使者的汇报，按律当诛。即使以皇族和外戚勋贵的身份进行八议，也是罪不容赦。如何处理常山王的事情？牵一发而动全身。其他的诸侯王都在观望着，以儆效尤还是养虎为患，汉武帝心中已经有了考量。

此事必须有一位德高望重又善于处理复杂问题的股肱之臣，到现场调查之后做出稳妥判断。若处理得好，必将给其他诸侯国以警示；若处理不好，必成祸患。于是，汉武帝命人速速请大行张骞进宫觐见。

张骞两次出使西域，面对变化莫测的局面都有良好的把控能力和随机应变的本领，由他来出面处理常山王一事，再合适不过。张骞不仅熟悉西域万里之遥的事务，对于国内的局势也洞若观火。他心中明白汉武帝点名指派自己前往，这常山国与其他藩国不同，推恩令已经实施十四年了，其他的诸侯王都纷纷将封地分给子弟，而刘舜一直不封子弟为列侯。常山国所处的战略地位又如此重要，太行、黄河的山河之险，尽在掌握，一旦常山国有动荡或者与匈奴有联系，后果不堪设想。

汉武帝也自然非常清楚这其中干系，他没有安排宗正寺以八议制度出面解决刘勃的问题，也是想让张骞可以春风化雨、润物无声地把问题干脆利索地解决。

张骞来到常山国，迅速调度和安排人手，摸清了刘勃的一系列行径，并且巧妙地绕过了刘勃的阻挠，找到了关键的人证物证。他将证据提交给宗正寺，宗正寺以律议定废除刘勃善妒无德的母亲王后脩，并放逐刘勃到房陵。至此，继承王位仅仅几个月的刘勃被贬到房陵，常山国被撤销封号，改为常山郡，由中央政府直接管辖。

汉武帝心头最后一块石头也安稳落地，卧榻之侧，再无别的藩王和势力足以造成威胁，从元朔二年开始实施的推恩令至此圆满完成了使命。推恩令既没有造成晁错直接削藩而引发的七国之乱，也没有在王国内部引发太大的动荡。至此，汉朝的中央集权进一步加强，大行张骞，也完成了他最后一个使命。

东西文明绥长安，人生岂为万户侯。一个人的生命是有限的，但是丝绸之路却绵延不绝，它带来的东西文明的碰撞和交互，多民族和睦相处、共同发展的模式，散发出的璀璨光辉一直照耀数千年。

元鼎三年（前114），一代外交家、政治家、探险家张骞溘然离世。

至今，在张骞的出生地，陕西省城固县博望镇饶家营村，有一座纪念馆，飞檐斗拱、汉代风格的建筑无言地守候着张骞的墓地，墓前有汉代石虎一对。同样，河南省南阳市方城县博望村是张骞的封地，至今还生活着他的后裔八百多户，总计近四千人。他们保留着张骞的牌位，以及一副对联："博留受封流芳远，固巩迁居世泽长"，横题是"张公百忍"。

如今，在敦煌莫高窟第323窟中，我们可以看见唐人对张骞故事的描绘。这个开凿于初唐时期的洞窟，分为前后两个室，前室是平顶结构，在南北两侧墙壁上分别凿出了一个盝型顶的小窟。后面方形的室是主室，覆斗形顶，洞窟顶部是非常精美的藻井画团花井心，四批各有千佛22列，南北墙壁上绘有佛教史迹画，作于初唐。

著名的《张骞出使西域图》就位于北侧墙壁的西部，共有四组画面，每个画面都有清晰的榜题，使得我们在千年以后仍然可以清楚地知道绘画者想传达的故事。第一幅画是汉武帝和臣子在甘泉宫向两尊站立的佛像进行拜谒，有的手持香炉，有的双手持笏。第二幅画的是张骞拜别汉武帝，张骞持笏跪拜，后面的随从牵马并持节在等候；汉武帝骑在高头大马之上，左右臣属共八人，还有一人手持曲柄华盖。第三幅画展示的是张骞一行在出使西域的途中。第四幅画描绘的是张骞抵达西域，远远地有一座城池，两个和尚立于城门之外，可以看出城池内隐隐有佛塔。

人生有时尽，精神永流传。东西文明的使者，凿空西域的第一人，张骞，他以毕生的心血，开启了人类历史和文化交流的新幕。

张骞
生平简表

●◎汉文帝前元十六年（前164）

出生于汉中郡城固（今陕西省汉中市城固县）

●◎汉武帝建元二年（前139）

第一次出使西域，在河西走廊被匈奴俘获并羁留十年

●◎元光六年（前129）

趁匈奴内乱离开，继续前往西域寻找大月氏

●◎元朔元年（前128）

抵达大宛、康居、月氏、大夏等地，返程途中被匈奴从羌中截获，再次扣押

●◎元朔三年（前126）

军臣单于去世，趁乱离开匈奴，回到长安。官拜太中大夫

●◎元朔五年（前124）

回到汉中，守丧三年后，回到长安，随卫青出征，大破匈奴。卫青官拜大将军

●◎元朔六年（前123）

再次随卫青出征有功，升为卫尉，封博望侯。霍去病一战成名，封冠军侯

●◎元狩二年（前121）

在与匈奴的大战中，未能按照约定时间抵达，罢免卫尉，下狱，家人出赀赎为庶人。汉朝收复河西走廊，霍去病封狼居胥山

●◎元狩四年（前119）

被任命为中郎将，第二次出使西域，抵达安息，并派副使前往大宛、康居、安息等地

●◎元鼎二年（前115）

率领使团返回长安，圆满完成第二次出使西域的任务。第二年，其他队伍也陆续返回

●◎元鼎三年（前114）

病逝于长安